KB195036

구원보다 중요한

구원은 천국이 아닙니다.
구원은 하나님과의 사랑의 관계입니다.

구원보다 중요한

지은이 | 염인철
초판 발행 | 2023. 10. 25
등록번호 | 제1988-000080호
등록된 곳 | 서울특별시 용산구 서빙고로 65길 38
발행처 | 사단법인 두란노서원
영업부 | 2078-3352 FAX | 080-749-3705
출판부 | 2078-3331

책값은 뒤표지에 있습니다.
ISBN 978-89-531-4640-2 03230

독자의 의견을 기다립니다.
tpress@duranno.com www.duranno.com

ⓒ 이 출판물은 저작권법에 의해 보호를 받는 저작물이므로
  무단 전재와 무단 복제, 무단 사용을 할 수 없습니다.

두란노서원은 바울 사도가 3차 전도여행 때 에베소에서 성령 받은 제자들을 따로 세워 하나님의 말씀으로 양육하던 장소입니다. 사도행전 19장 8-20절의 정신에 따라 첫째 목회자를 돕는 사역과 평신도를 훈련시키는 사역, 둘째 세계선교(TIM)와 문서선교(단행본·잡지) 사역, 셋째 예수문화 및 경배와 찬양 사역, 그리고 가정·상담 사역 등을 감당하고 있습니다. 1980년 12월 22일에 창립된 두란노서원은 주님 오실 때까지 이 사역들을 계속할 것입니다.

구원보다 중요한

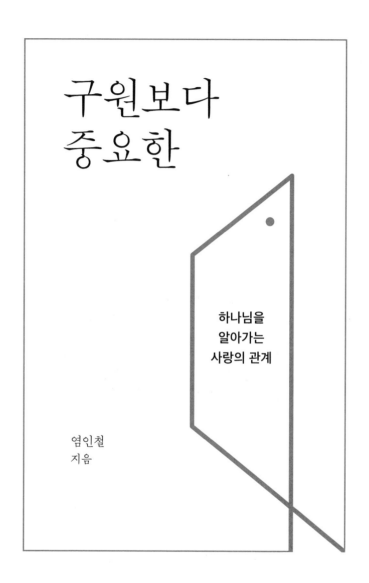

하나님을
알아가는
사랑의 관계

염인철
지음

두란노

부족한 저에게 목회의 기회를 주신 김요셉 목사님께 감사드립니다.
순수한 기도의 모범을 보여 주신 김재정 목사님께 감사드립니다.
친형님처럼 항상 친구가 되어 주신 김인기 목사님께 감사드립니다.
그리고 진정한 구원의 의미를 가르쳐 주시고
일평생 신앙적 멘토가 되어 주신 최영기 목사님께 감사드립니다.
이 책의 모든 내용은 평소에 목사님이 주신 가르침을
제 말로 옮겨 놓은 것에 불과합니다.

염인철 목사님과 여러 해 한 교회에서 섬기는 동안 저는 목사님의 심오한 영성과 예리한 통찰력, 그리고 무엇보다 영혼을 사랑하는 열정에 항상 감동받았습니다.

이 책은 신학 서적이 아니라 신앙 서적입니다. 물론 신학적으로 매우 심오하고 매우 복음적인 내용을 담고 있지만, 날마다 예수님을 따르고 배우고 사랑하는 사람들에게 여행 가이드북처럼 수시로 꺼내 보고 반복해서 읽어야 되는 믿음생활의 지침서와 같은 실용적인 책입니다.

염인철 목사님의 설교를 듣고 매료되었던 원인을 이 책에서 다시 발견할 수 있었습니다. 매우 심오한 진리들이 아주 단순하고 간결한 표현으로 절대 잊히지 않도록 도와주는 책입니다. 이런 귀한 책을 추천할 수 있는 것을 진심으로 기쁘게 생각합니다.

○ **김요셉** 원천침례교회 담임목사

저는 책 추천사를 써 주지 않는 편입니다. 저 자신도 10권이 넘는 책을 냈지만 추천사를 한 번도 받은 적이 없습니다. 그래서 염인철 목사로부터 추천사를 부탁받았을 때 당연히 거절했습니다. 그러자 목사님은 책 내용의 많은 부분이 제 가르침에 기초했기 때문에 원고를 읽어 보고 수정할 부분이 있으면 알려 달라고 했습니다. 그래서 마지못해 책을 읽기 시작했는데 바로 책에 빠져 버렸습니다.

예수님은 신앙생활에서 가장 중요한 것은 하나님과 이웃을 사랑하는 것이라고 말씀하셨습니다(마 22:37-39). 다시 말해 신앙생활의 핵심은 관계입니다. 하나님과의 올바른 관계, 이웃과의 올바른 관계. 염 목사님은 신앙생활에서 가장 중요한 하나님과 이웃과의 올바른 관계를 생동감 있는 예화를 사용하여 이해하기 쉽게 설명하고 있었습니다. 이 책을 읽으면 기독교 신앙의 본질을 이해하게 되고 신앙생활이 체계화될 것 같습니다. 그래서 두란노에 출간을 추천했고, 저자가 책을 낸 경험이 없음에도 불구하고 출간하기로 결정하였습니다. 무명 저자라도 내용이 좋으면 출간한다는 두란노의 건강한 시책을 보게 되어 기뻤습니다.

기독교 신앙에 대해 알고 싶은 분, 교회 생활을 오래 했지만 기독교 신앙의 핵심을 몰라서 신앙생활의 재미를 모르는 분에게 이 책을 추천합니다. 신앙생활에 크게 도움이 될 것입니다.

최영기 국제가정교회사역원 창립자, 휴스턴침례교회 은퇴 목사

저는 오랫동안 구원을 교리적으로 이해했습니다. '예수님을 믿으면 천국 간다.' 이것이 제가 기독교에서 배운 모든 교리의 가장 기본적인 내용이었습니다. 그런데 하나님을 더 깊이 체험할수록 새로운 사실을 알게 되었습니다. 그것은 바로 기독교의 핵심은 '관계'라는 것이었습니다.

초대교회가 보여 준 중요한 특징 가운데 오늘날 그 의미가 가장 퇴색된 것이 있다면 아마도 '코이노니아'(교제)라고 할 수 있을 것입니다. 보통 '교제'라고 하면 성도와 성도의 친밀한 관계만을 생각합니다. 그러나 기독교의 교제는 '하나님과 인간의 관계', 그리고 '인간과 인간의 관계'를 모두 포함하고 있습니다. 요한계시록에 나오는 영원한 예배는 하나님과 그분의 자녀들이 완벽한 교제를 회복한 모습이라고 할 수 있습니다. 그리고 이것은 처음 인간을 창조하신 하나님의 목적이었습니다.

복음은 하나님과 인간의 깨어진 관계를 회복하기 위한 하나님의 초청이고, 예수님의 말씀과 십자가와 부활 사건은 그 관계를 회복할 수 있는 유일한 길입니다. 그 사랑을 체험한 사람은 이웃과 더불어 죄의 관계가 아니라 사랑의 관계를 시작할 수 있게 됩니다. 그러므로 코이노니아는 세상을 창조하신 하나님의 궁극적인 목적이었고, 구원은 단순한 천국이 아니라 하나님과의 친밀한 사랑의 관계의 회복입니다.

'예수님을 믿으면 천국 간다'는 것은 모든 그리스도인이 인정하는 교리입니다. 교리는 우리가 믿는 바를 간략하면서도 기억하기 쉽게 정리한 것입니다. 그런데 정리된 문장에 너무 초점을 맞추다 보면 그 원리나 과정을 간과하게 됩니다. 그래서 뜻밖의 실수를 하게 되는데, 그것은 바로 나무의 뿌리를 생각하지 않고 나무의 열매에만 매달리게 된다는 것입니다.

그 속에 우리의 게으름이 도사리고 있습니다. 예수님이 우리에게 주신 구원이 어떤 과정을 통해서 이루어진 것이고, 또 무엇을 목적으로 하는 것인지 끝까지 파헤치고 깨달아 보려는 노력이 없이 단순하게 교리적인 내용을 암송하는 것으로 구원의 조건을 충족했다고 생각하는 것입니다. 어떤 의미에서 과정을 건너뛰고 결과만 누리려는 나태한 태도라고 할 수 있습니다.

　신앙의 지름길은 없습니다. 구원은 어떤 법칙에 자신을 대입시켜서 얻을 수 있는 것이 아닙니다. 그것은 새로운 관계의 시작입니다. 마치 부모와 자녀가 많은 것을 주고받지만 그것은 거래가 아니라 사랑의 결과인 것처럼, 하나님이 우리에게 주신 구원은 기본적으로 하나님과의 사랑의 관계 안으로 들어가는 것입니다. 21세기를 살아가는 우리를 구원하신 하나님의 목적은 그분이 처음 인간을 창조하신 목적에서 조금도 벗어나지 않았습니다. 앞으로도 영원히 마찬가지일 것입니다. 그것은 바로 나(우리)와 끊임없는 사랑의 교제를 추구하시는 그분(하나님)의 변함없는 초청입니다.

　이 책은 오래전에 시리즈로 설교했던 내용을 정리한 것입니다. 목회를 하면서 성도들이 구원에 대한 바른 지식을 갖고 있는 것이 무엇보다 중요하다는 사실을 깨달았습니다. 그래서 구원을 주제로 연속 설교를 했는데 생각보다 많은 분들의 긍정적인 반응이 있어서 책으로 만들어 볼 생각을 하게 되었습니다. 이미 복음을 소개하는 여러 책이 나와 있지만 구원을 순수하게 하나님과의 사랑의 관계로 이해하는 내용은 많지 않은 것 같아 용기를 냈습니다. 소망하기는 이 책이 읽는 본인에게뿐만 아니라 누군가에게 복음을 소개할 때에도 도움이 되기를 바랍니다.

각 장의 마지막에 나오는 '생각 나누기'(3가지 질문)는, 일대일이나 소그룹에서 이 책을 사용하면서 복음을 주제로 자연스럽게 대화하는 경우를 위해 만들었습니다.

일주일 동안 각 장의 내용을 읽고 모여서 질문에 대한 자신의 생각들을 서로 나눈 후에 책의 마지막에 소개한 '생각 다듬기'를 읽으면 질문의 의도와 내용을 조금 더 명확하게 이해하는 데 도움이 될 것입니다.

염인철 목사

깨어진
관계

악의 평범성

동료 목사를 따라서 중고 서점에 간 일이 있었다. 이것저것 살펴보다가 우연히 《예루살렘의 아이히만》(한길사, 2006)이라는 책을 보게 되었다. 사실 오래전부터 그 책을 꼭 한 번 읽어 보고 싶었다. 그런데 중고 서점에서 저렴하게 구입할 수 있어서 좋았다. 하루 휴가를 내고 침대에 누워서 종일 그 책을 읽었다. 절대로 쉽게 읽히지 않는 책이었다.

오토 아돌프 아이히만(Otto Adolf Eichmann)은 제2차 세계대전 당시 독일 정부에서 유대인 전문가로 통했다. 히브리어를 잘한다고 알려져 있지만 사실 정통한 수준은 아니고 아주 조금하는 정도였다.[1] 중요한 것은 그가 유대인들에 대한 '최종적인 해결책'(the final solution)을 행정적으로 지휘하는 사람이었다는 것이다(나치는 유대인을 학살하면서 '죽이다'라는 용어 대신 '최종적인 해결책'이라는 용어를 사용했다. 잘못된 용어를 사용함으로 자신들의 양심을 마비시켰다).[2]

그런 그가 독일이 패망했을 때 가족과 함께 사라졌다. 그리고 15년 만에 아르헨티나의 부에노스아이레스 외곽에 숨어 살고 있는 것을 이스라엘 첩보대 모사드가 발견했다. 아이히만을 정식으로 넘겨받으려면 아르헨티나와 외교적 문제가 발생할 수 있었기 때문에 모사드는 그를 비밀리에 납치했다. 그리고 결국 예루살렘의 법정에 세웠다.[3]

그때부터 긴 재판이 시작되었다. 그 재판에 세계의 관심이 쏠렸기 때문에 미국의 시사 주간지 〈뉴요커〉(The New Yorker)는 당시 정치 철학자였던 한나 아렌트(Hannah Arendt)에게 재판을 취재해 줄 것을 의뢰했다. 그녀 또한 유태계 독일인이었다. 아렌트는 모든 재판을 취재하고 난 후에 자신의 글들을 〈뉴요커〉에 연재했고, 그 후에 《예루살렘의 아이히만》이라는 책을 출간했다. 그리고 책의 부제를 "악의 평범성에 대한 보고서"(A Report on the Banality of Evil)라고 붙였다. 이 책은 나중에 영화로도 제작되었다.[4]

그때부터 '악의 평범성'(The Banality of Evil)이라는 용어가 수

많은 사람의 입에 오르내리게 되었다. 아렌트가 그런 부제를 붙인 이유는 아이히만이라는 사람을 오랫동안 지켜보면서 인간에 내재되어 있는 악의 보편성을 발견했기 때문이었다. 실제로 아이히만은 지극히 평범한 사람이었다. 수많은 유대인을 가스실에 몰아넣고 죽인 다음에 그 시체를 불태우는 엄청난 일을 저질렀음에도 불구하고(수용소에 가스 시설이 없는 경우에는 트럭에 사람들을 집어넣고 가스를 주입한 다음 큰 웅덩이에 쏟아 놓고 묻었다)[5] 그는 머리에 뿔이 있거나 눈에서 핏빛이 나는 광인이 아니었다.

그는 재판을 받는 과정에서 여섯 명의 정신과 의사들에게 검사를 받았는데, 의사들은 하나같이 그가 정상이라고 판단했다. 어떤 의사는 아이히만의 정신 상태가 자기보다 더 건강하다고 했다.[6] 실제로 아이히만은 자신은 단지 국가의 명령에 충실히 따랐을 뿐이라고 항변했다. 만약 자신이 국가의 명령에 불충실했다면 유죄이지만, 국가의 명령에 충실했다면 죄가 될 수 없다고 변명했다. 아렌트는 그 책에서 8천만 명의 독일 국민과 아이히만이 어떤 점에서 서로 다른 것인지 고민하고 또 질문했다. 그리고 모든 인간 속에 잠재되어 있는 악의 평범성에 대해서, "우리 모두 안에는 아이히만이 있다"라

고 말했다.[7]

그 재판에는 수많은 증인이 나왔다. 그중 한 명은 예히엘 디
누르(Yehiel De-Nur)라는 사람이었다. 그는 그다지 길게 증언하
지 못했다. 잠깐 앉아 있는 동안에도 계속 안절부절못하다가
도저히 견디지 못하더니 갑자기 증언석 바깥으로 한 발 내딛
는 순간 복도에 쓰러지고 말았다. 지금도 인터넷에서 그 장면
을 동영상으로 확인할 수 있다.[8] 나중에 기자들이 그를 찾아
가서 기절한 이유에 대해서 물었을 때 그는 다음과 같이 대답
했다. "아이히만은 지극히 평범한 사람이었습니다. 그래서 나
는 나 자신이 두려웠습니다. 왜냐하면 나도 충분히 아이히만
같은 짓을 저지를 수 있는 사람이라는 것을 깨달았기 때문이
었습니다."[9]

아이히만은 지극히 평범한 사람에 내재되어 있는 악한 본
성을 우리에게 깨닫게 해 준다. 충분한 조건만 주어진다면
인간은 스스로 한없이 악해질 수 있는 가능성을 가진 존재
다. 그래서 성경은 모든 사람이 죄인이라고 말한다(롬 3:10, 23).
이것은 모든 사람이 살인이나 도둑질을 했다는 뜻이 아니라
우리에게 죄악 된 본성(죄성 혹은 죄를 좋아하는 성품)이 있다는 의
미다.

혹자는 어린아이에게는 죄성이 없다고 말한다. 그러나 자녀를 양육해 본 경험이 있는 부모라면 모두 깨닫는 사실이 있다. 그것은 바로 아이들이 선한 것과 악한 것을 배우는 속도가 다르다는 것이다. 내가 선한 방향으로 열 걸음 가도 아이들은 한 걸음도 채 따라오지 않는다. 그러나 나쁜 방향으로는 한 걸음만 가도 아이들이 열 걸음을 앞질러 간다. 특히 좋지 않은 습관은 더 빨리 배운다. 선한 길로 가려면 많은 훈련이 필요하지만 악한 길로 가는 것은 전혀 훈련이 필요 없다는 사실 한 가지만 가지고서도 인간 안에 죄성(죄를 좋아하는 본성)이 있다는 것을 인정하지 않을 수 없다.

모든 사람 안에 내재되어 있는 죄성

일본의 기무라 아키노리(Kimura Akinori)라는 사람은 '자연 농법'을 실천했다. 산속에 있는 사과나무에 비료도 주지 않고 퇴비도 뿌리지 않았다. 심지어 풀도 뽑지 않았다. 정말 자연 그대로 두었다. 그런데도 오랜 시간이 지난 후에 아주 튼실한 사과 열매가 맺혔다. 어떤 의미에서 우리도 마찬가지다. 우리 안에 있는 죄의 나무는 가만히 있어도 열매를 맺는다. 우리가 서로에게 상처를 주고, 미워하고, 상대방에게 가장 아픔이 될 만한 말을 짧은 시간에 순간적으로 생각해서 뱉어 내는 것은 우리가 극악무도한 인간이기 때문이 아니라 우리 안에 있는 죄의 본성이 자연스럽게 열매를 맺고 있기 때문이다.

그 죄의 본성이 바로 뿌리다. 성경은 우리 속에 있는 본질적인 죄의 나무인 '죄'와 그 나무의 열매인 '죄들'을 구분해서 기록하고 있다. 그러므로 우리가 더 깊은 관심을 가져야 하는 것은 열매가 아니라 그 나무의 뿌리다(롬 1:28).[10] 만약에 천국이 전혀 죄가 없는 사람만 가는 곳이라면 이 세상의 어떤 사람도 천국에 들어갈 수 없을 것이다. 왜냐하면 죄의 뿌리가 없는 사람은 존재하지 않기 때문이다. 그래서 성경은 이 세상의 모든 사람이 하나님의 영광에 참여하지 못한다고 선언했다(롬 3:23).

A와 B가 함께 음반 상점에 들어갔다고 하자. A는 상점에 들어서자마자 닥치는 대로 CD를 훔치기 시작했다. 그러나 B는 망설이다가 하나만 슬쩍 훔쳤다. 그럼 A가 지날 때 정문에 설치되어 있던 도난 방지 경보음이 크게 울리고, B가 지날 때는 경보음이 아주 작게 울리거나 아예 안 울릴까? 그렇지 않다. 두 사람 모두에게 동일한 경고음이 울릴 것이다.

또 다른 예로, 만약 내가 공항을 지키는 세관이라면 우리나라 자연에 해로운 나무를 열매가 주렁주렁 달린 채 반입하는 사람이나 단순히 그 나무의 씨앗만을 호주머니에 살짝 넣어서 몰래 반입하는 사람이나 모두 입국을 거부할 것이다. 한 사람은 열매가 주렁주렁 달린 나무니까 거부하고, 다른 한 사람은 씨앗이니까 그냥 통과시켜 주지는 않을 것이다.

마찬가지다. 우리가 죄의 본성을 개발해서 도둑질하고 살인하는 심각한 죄를 짓지 않았다고 하더라도 우리 안에는 죄의 본성이 씨앗이나 뿌리처럼 남아 있다. 그래서 인간은 조건만 충분히 맞으면 반드시 죄의 열매를 맺는다. 그 조건이 바로 '익명성'과 '권력'(힘)과 '쾌락'이다.

오늘날 사람들이 입에 담을 수 없는 수많은 악플을 인터넷에 올리는 이유는 그 공간이 익명성이 보장되는 곳이기 때문이다. 악플로 인해서 자살하는 사람이 속출해도 사람들은 그 악행을 멈추지 않는다.

나는 오랫동안 외국 생활을 하다가 한국에 돌아왔다. 처음에는 거칠게 운전하는 사람들 때문에 많이 힘들었다. 경고도 없이 무조건 끼어들거나 신호를 어기고서도 미안하다는 표현도 없었다. '사람들이 왜 그럴까?'라는 생각을 하고 있을 때 아내가 던진 말 한마디에 '아하' 하고 깨달아졌다. 사람들이 무례하게 운전하는 이유는 차창에 짙은 선팅을 했기 때문이라는 것이었다.

내가 살았던 곳에서는 운전자의 얼굴이 선명하게 보이지 않을 경우 경찰에게 붙잡혀서 벌금을 내야만 했다. 그런데 한국에서는 누가 운전을 하는지 도무지 알 수 없을 정도로 진하게 선팅을 하기 때문에 무례하게 운전을 하고서도 미안해하지 않는 것이었다. 그런데 한국에 온 지 2-3년쯤 후에 나도 차창에 선팅을 했다. 햇빛 알레르기가 있는 나로서는 너무나 좋았다. 그런데 그때부터 나 역시 점점 운전이 거칠어졌다. 다른 사람이 내 얼굴을 볼 수 없는 환경이 내 죄성을 자극한 것이다.

익명성은 죄의 가장 기본적인 환경을 제공한다. 익명성이 보장된 돈, 익명성이 보장된 공간, 익명성이 보장된 대화 등 모두가 인간의 죄성을 위한 최고의 조건이다. 진짜 나 자신이 어떤 사람인지는 아무도 없는 공간에 혼자 있을 때 드러난다.

또한 인간은 끊임없이 권력(힘)에 집착한다. 예전에 우즈베키스탄을 방문한 적이 있었다. 흥미롭게 느껴졌던 것은 오랫동안 공산주의가 지배했던 나라임에도 불구하고 박물관에 레닌이나 스탈린에 대한 자료는 거의 없고 아미르 티무르(Amir Timur)라는 사람의 자료만 가득하다는 것이었다. 넓은 광장에도 레닌의 동상이 아니라 아미르 티무르의 동상이 세워져 있었다.

현지 선교사에 의하면, 그는 13세기에 중앙아시아의 패권을 차지했던 티무르 왕조를 시작한 사람이었다. 쉽게 말해서, 전쟁을 잘해서 땅을 많이 차지한 사람이었다. 우즈베키스탄 사람들은 자기들도 한때는 큰 나라였다는 것을 강조하고 싶었던 것이다. 나는 '아, 우리나라 광개토대왕 같은 사람이구나'라고 생각했다. 나중에 자료를 찾아보니 아미르 티무르는 상당히 잔인한 정복자였다. 그런데도 후대 사람들은 모두 그를 숭배했다. 그 이유는 그 정복자와 자신들을 동일시하기 때문이었다.

지구상에서 자기 나라 백성을 가장 많이 죽음으로 몰아넣은 통치자 중 한 명은 이오시프 스탈린(Iosif Stalin)이다. 그는 러시아를 다스리는 동안 대략 2천만 명을 숙청하고 2,500만 세대의 사람들을 집단 농장으로 이주시켜서 강제 노동을 하게 했다. 한번은 러시아 선교사와 대화를 하다가 "러시아 사람들은 스탈린을 싫어하지요?"라고 물었다. 그랬더니 "물론 싫어하는 사람도 있지만, 의외로 좋아하는 사람도 많습니다"라고 대답했다. 오히려 스탈린 시대를 그리워하는 사람들도 있다는 것이었다. 그 이유는 바로 그 시대에 러시아가 세계 최강대국이었기 때문이다. 사람들이 권력에 얼마나 집착하는지 느낄 수 있는 대목이다.

한 명을 죽인 사람은 살인자가 되지만 수십만, 수백만 명을 죽인 사람은 권력을 차지하고 시대를 풍미하는 영웅이 되고 후대 사람들에 의해서 숭배의 대상이 된다. 왜냐하면 인간의 마음속에는 권력을 추구하는 본성이 있기 때문이다. 그런데 예수님은 세상과는 반대로 "온유한 자는 복이 있다"(마 5:5), "섬기는 사람이 제일 큰 사람이다"라고 말씀하셨다(막 10:42-43). 현실적이지 못한 말씀일까? 아니면 사람들 속에 숨겨져 있는 잘못된 본성을 정확하게 지적하신 말씀일까?

권력을 가진 사람들이 부정한 행위를 하다가 경찰에 잡혀가면 수많은 사람이 손가락질한다. 그러나 만약 내가 그 사람처럼 엄청난 권력을 갖게 된다면 잘못된 행동을 전혀 안 하리라고 장담할 수 있을까? 어쩌면 내 안에도 동일한 권력에 대한 욕구가 가득한 것은 아닐까?

아울러 성적인 쾌락은 현대 사회의 우상이 되었다. 엄마가 스마트폰을 사 주면 아이는 정말 좋아한다. 그런데 만약에 아이가 스마트폰에 너무 빠지는 것 같아서 사용 시간을 제한하면 그때부터 아이는 엄마를 미워한다. 심지어 엄마를 물리적으로 공격하는 경우도 있다. 마찬가지다. 인간은 성(性)이라는 귀한 선물을 주신 하나님께 동일한 죄를 저지르고 있다. 오늘날 우리는 "성적인 쾌락이 가정의 울타리를 벗어나면 안 됩니다. 하나님이 정하신 남녀의 성을 무너뜨리면 안 됩니다"라고 말하는 순간 그 사람은 이미 모든 사회 구성원의 공공의 적이 되는 세상에 살고 있다.

외국에서 생활할 때의 일이다. 한번은 아이에게 도시락을 가져다주기 위해서 학교에 갔다. 아이의 교실을 찾아 건물을 돌아다녔는데 코너마다 남자와 남자 혹은 여자와 여자가 어깨동무하고 있는 포스터가 붙어 있었다. 내가 발견한 것만 해도 열 개가 넘었다. 그리고 그 아래에 "이것은 자연스러운 일이다. 이상한 것이 아니다"라고 쓰여 있었다. 풀어서 말하면, 동성애는 자연스러운 것이기 때문에 학교에서 그런 아이를 만나더라도 차별하지 말라는 뜻이었다. 그런데 나는 그 포스터 자체가 자연스럽지 못하게 느껴졌다. 그렇게 많은 포스터를 붙여 놓으면 동성애에 관심이 없던 아이들도 호기심이 생기지 않을까?

호기심은 인간을 죄로 이끄는 문이다. 하와가 선악과를 먹은 이유도 호기심 때문이었다. 특히 쾌락에 대한 호기심은 술과 담배와 마약과 모든 성적인 죄를 시작하게 만드는 뇌관이다. 절대 호기심을 가볍게 여겨서는 안 된다. 창세기부터 지금까지 마귀가 사람들을 죄에 빠뜨리는 주된 방법은 호기심이다. 특히 성적인 영역에서 호기심은 가장 큰 힘을 발휘한다.

죄의 대가는 영원한 단절

이처럼 인간은 익명성과 권력과 쾌락이 동시에 주어지면 거의 예외 없이 죄를 짓는다. 그럼에도 불구하고 세상의 문화는 더욱더 그것들을 극대화하는 쪽으로 가고 있다. 그 죄의 참혹한 결과를 무시한 채 브레이크 없는 자동차처럼 달려가고 있다. 그럼 그 죄의 결과는 무엇일까? 바로 관계의 단절이다. 이것은 우주적인 법칙이다.

물론 불가능한 일이지만, 예를 들어 화성에 외계인이 산다고 상상해 보자. 화성인들이 평화롭게 지구에 방문했는데 지구인들이 그들을 다짜고짜 죽였다고 하자. 그러자 그들이 군대를 동원해서 지구에 쳐들어와 수많은 사람을 죽였다고 하자. 오래전에 그런 내용의 공상 과학 영화가 있었다. 화성인과 지구인은 전혀 말이 통하지 않지만 이런 상황을 서로 이해한다. 왜냐하면 모두가 이해하는 우주적 법칙이 존재하기 때문이다. 그것은 바로 '죄는 반드시 그 대가를 치러야 한다'는 것이다.

모든 나라가 가지고 있는 법체계의 기초는 반드시 죄에 대한 대가를 지불하게 하는 것이다. 언제나 죄를 해결하려면 그 죄에 대한 대가를 치러야 한다. 그럼 인간이 지은 모든 죄의 궁극적인 대가는 무엇일까? 그것은 바로 관계의 단절이다. 사형은 가장 대표적으로 한 인간을 사회로부터 영원히 단절시키는 방법이다. 무기징역을 포함한 교도소 생활, 그중에서도 교도소 독방 등은 관계를 단절시키는 형벌이다. 인간은 관계의 단절을 가장 고통스러워한다. 왜냐하면 인간은 처음부터 관계를 추구하는 존재로 창조되었기 때문이다. 어쩌면 깨어진 관계가 모든 불행의 시작인지도 모른다.

악의 평범성은 모두에게 해당된다. 엄청난 살인마가 아니라고 하더라도 인간은 본성적으로 죄를 좋아하는 성품을 가지고 있다. 적당한 조건만 주어지면 반드시 죄의 열매를 맺는다. 그 결과 모든 관계가 깨졌다. 하나님과 인간의 관계도 깨졌고, 인간과 인간의 관계도 죄와 상처를 주고받는 관계로 변

질되었다(기억을 돌이켜 보면 나에게 가장 큰 상처를 준 사람은 나와 가장 가
까운 사람이었다는 점에 공감할 것이다). 그러므로 인간의 고립은 어쩌
면 당연한 것이다. 그리고 죽음 이후에 고립은 더욱 피할 수
없는 운명이다. 영원한 단절, 그것이 바로 성경이 말하는 인간
의 상황이다.

1. 죄를 짓기 쉬운 조건들이 갖추어진다면 나는 죄를 지을까요?

2. 내가 생각하는 '죄'와 성경이 말하는 '죄'는 어떻게 다른가요?

3. 관계의 단절로 고통스러웠던 경험이 있나요? 혹시 있다면 나누어 보세요(본인이 나눌 수 있는 만큼만).

구원은
관계다

각 종교들의 구원관

모든 종교에는 각자 나름대로 구원관이 있다.

불교에서는 모든 사람이 윤회한다고 믿는다. 사람은 누구나 생로병사(生老病死)의 고통을 당하는데, 죽은 후에 또다시 다음 세상에 태어난다는 것이다. 그때는 전생에서 어떻게 살았느냐에 따라서 운명이 결정되는데 선한 삶을 살았던 사람은 다시 사람으로, 그렇지 못했던 사람은 개나 돼지 등으로, 더 악한 삶을 살았던 사람은 벌레나 그보다 못한 것으로 태어난다고 생각한다.

그런데 이렇게 끝없이 윤회하다가 사람으로 태어났을 때 열심히 선을 행하고 도를 깊이 닦으면 그 윤회의 사슬에서 벗어나게 되는데 이것을 '해탈'(解脫)이라고 한다. 사람이 해

탈을 하게 되면 '무념무상'(無念無想)의 세계로 들어가게 된다. 무념무상이란 나도 없고 너도 없는 완전한 무(無)의 세계다. 원래 초기의 불교는 이것 자체를 구원이라고 보았지만 나중에 극락(極樂)이나 정토(淨土)라는 개념이 들어온 것이라고 할 수 있다.[11]

힌두교는 정교하게 체계화된 교리나 중앙집권적인 조직이 없다. 오랜 시간에 걸쳐서 다양한 토착 종교들이 융합된 것이라고 할 수 있다. 그래서 힌두교를 넓게 본다면 인도에서 발생한 모든 종교를 의미한다고도 할 수 있다. 힌두교의 구원관은 불교와 비슷하다. 기본적으로 계속 윤회를 하는데, 특별히 힌두교에서는 사람으로 태어날 때 전생에 어떻게 살았느냐에 따라서 계급(카스트)을 갖게 된다.

제일 높은 계급은 브라만(사제, 학자: 종교와 학문)이고, 그다음은 크샤트리아(왕족, 귀족, 군인: 사회 제도 유지, 국가 통치)이고, 바이샤(상인, 농민, 수공업자, 연예인: 생산 활동), 수드라(하인, 청소부, 잡역: 육체노동) 순이다. 그리고 네 계급에도 포함되지 못하는 사람들을 '아웃카스트'(outcaste)라고 하는데, 이들은 도저히 인간이라고 할 수 없을 정도로 천한 사람들로 취급당한다. 이들을 '불가촉천민'(untouchable)이라고 부르기도 한다.

그러나 사람이 이 세상에서 계속 도를 닦고 선을 쌓으면 수천 번 혹은 수억 번 다시 태어나는 과정을 통해서 제일 높은 계급의 브라만이 될 수 있고, 브라만이 되었을 때 더 많이 도를 닦고 깊이 수양하면 그 윤회의 고리에서 벗어나게 되는데, 그것을 '목샤'(Moksa, 산스크리트어로 해방 혹은 해탈이라는 뜻)라고 한다.[12]

이슬람교의 경전 코란은 생각보다 행위를 많이 강조한다. 이슬람교 신자들은 자신들의 오른쪽 어깨 위에는 선한 행위를 계산하는 '라킵'이라는 천사가 있고, 왼쪽 어깨 위에는 악한 행위를 계산하는 '아티드'라는 천사가 있는데, 나중에 저울에 달아서 선한 행위가 악한 행위보다 더 무거우면 구원을 얻을 수 있다고 생각한다.[13] 물론 그 외에도 여러 가지 코란의 규율들을 따라야 한다.

결국 모든 조건이 충족되어서 구원을 받은 사람은 죽어서 '잔나'(Jannah, 천국이라는 뜻)에 들어가는데, 그들이 말하는 잔나는 우리가 생각하는 천국과 많이 다르다. 그곳은 최대한 감각적이고 성적인 쾌락을 마음껏 누릴 수 있는 곳이다. 한 명의 남성이 최대 72명의 처녀와 성관계를 할 수 있고, 독한 술이 흐르는 강 옆에서 술과 과일과 고기 등을 끝없이 먹을 수 있는 곳이다.[14] 과연 이런 곳을 천국이라고 할 수 있을까? 만약에 그렇다면 이 세상에서도 육체적인 쾌락을 추구하지 않을 이유가 없을 것이다. 그리고 여성의 존엄성은 어디에서 찾을 수 있을까?

유교는 구원에 대한 개념이 약하다. 그래서 유교를 종교가 아니라 철학이나 통치 이념이라고 보는 사람들도 많다. 사실 유교는 초월적인 영역에 들어가면 다른 종교와 혼합되는 모습을 보인다. 도교나 샤머니즘이 그 빈 공간을 채우는 것이다.

도교에서는 영원한 생명을 주는 특별한 약을 찾거나 호흡 조절과 식이 요법과 요가와 같은 운동을 해서 생명을 연장하려고 노력한다. 이런 수양을 많이 한 사람은 영원한 생명을 얻고 천상으로 올라갈 수 있다고 믿는다. 이런 사람을 '신선'(神仙)이라고 한다. 유교에서 말하는 '천인합일'(天人合一) 사상은 인간이 선을 행하고 하늘의 뜻에 부합하게 살면 인간과 하늘이 서로 상호 작용을 하고 양자가 합해져서 서로 하나가 된다는 개념인데 일면 도교의 신선과 비슷하다고 할 수 있다.[15]

기독교의 구원관

이것이 각 종교들의 구원관이다. 그렇다면 기독교의 구원관은 무엇일까? 우리가 예수님을 믿고 구원받았다는 말을 많이 하지만 실제로 그리스도인들에게 "구원이 무엇인가?"라고 물어보면 대답을 제대로 못하는 경우가 많다. 대부분의 사람들은 구원을 단순히 '천국 가는 것'이라고 생각한다. 이를 도식화하면 다음과 같다.

구원 = 천국

언뜻 보면 맞는 말이다. 그런데 이것은 너무 피상적인 생각이다. 예를 들어 보자.

사랑 = 결혼

이 공식이 맞을까? 젊은 청년들은 맞다고 할지도 모르겠다. 그러나 인생 경험이 많은 사람은 꼭 그런 것만은 아니라고 할 것이다. 물론 결혼은 사랑의 결과다. 남녀가 만나서 서로 사랑해서 결혼하는 것이다. 그러나 그렇다고 해서 사랑과 결혼이 완전히 같은 말은 아니다.

마찬가지로 '구원 = 천국'은 물론 맞는 말이지만, 그렇다고 해서 구원과 천국이 꼭 같은 말은 아니다. 그럼 구원의 본질은 무엇일까? 한마디로 표현해야 한다면 그것은 바로 '관계'다. 누구와의 관계일까? '하나님과의 사랑의 관계'다. 그러므로 이를 공식화하면 다음과 같다.

구원 = 관계(하나님과의 사랑의 관계)

구원은 단순히 이 세상을 떠나서 저 세상으로 가는 장소적인 개념이 아니다. 구원은 하나님과 관계가 없던 한 인간이 하나님과 사랑의 관계를 맺게 되는 사건이다. 그럼 천국은 무엇인가? 그곳이 어디든지, 장소적인 개념이든지 아니면 차원의 이동이든지 하나님과 사랑의 관계를 맺은 사람이 자연스럽게 가는 곳이다. 그래서 새찬송가 438장 3절은 "높은 산이 거친 들이 초막이나 궁궐이나 내 주 예수 모신 곳이 그 어디나 하늘나라"라고 노래한다.

예수님도 "또 '보아라, 여기에 있다' 또는 '저기에 있다' 하고 말할 수도 없다. 보아라, 하나님의 나라는 너희 가운데에 있다"(눅 17:21, 새번역)라고 말씀하셨다. 또 사도 바울은 "하나님의 나라는 먹는 일과 마시는 일이 아니라, 성령 안에서 누리는 의와 평화와 기쁨입니다"(롬 14:17, 새번역)라고 했다. 모두 장소가 아니라 관계를 의미하는 내용이다. 예수님은 하나님께 기도하시다가 "영생은 곧 유일하신 참 하나님과 그가 보내신 자 예수 그리스도를 아는 것"(요 17:3)이라고 말씀하셨다. 그런데 여기서 '안다'는 말은 예수님이 하나님을 아시는 것처럼 '깊은 관계'를 의미하는 단어다.

구원은 하나님과 사랑의 관계다

지금까지 소개한 네 가지 종교들이 가지고 있는 구원관과 성경이 말하는 구원관을 비교할 때 가장 크게 다른 점이 있다면 무엇일까? 그것은 바로 성경이 말하는 구원관은 관계를 소중하게 여긴다는 것이다.

사실 모든 인간의 기쁨은 관계를 통해서 주어진다. 나는 아내와 결혼하고 가정을 꾸렸을 때 너무나 기뻤다. 아내가 나에게 준 기쁨이 얼마나 많은지 모른다. 수십 년을 이어 온 두 사람의 관계를 통해서 우리 각자의 삶에 깊이 자리 잡고 있던 많은 상처가 치유되는 경험을 했다. 우리 아이들이 태어났을 때는 세상을 얻은 것처럼 기뻤다. 새로운 생명들과 새로운 관계를 맺기 시작하면서 견딜 수 없이 가슴이 벅차오를 때가 한두 번이 아니었다. 또한 어릴 때 사귀었던 친구들을 오랜만에 만나면 밤을 새우면서 이야기해도 끝이 없다. 교회에서 사랑하는 성도들이 변화되고 성숙해 가는 과정을 지켜보는 것 역시 얼마나 큰 기쁨인지 모른다. 그들과의 관계를 통해서 진정한 목회의 보람을 느낀다.

인생을 살아가면서 우리에게 진짜 기쁨을 주는 것은 언제나 관계다. 돈이나 물건에서 기쁨을 찾는 사람은 어쩌면 불행한 사람이다. 철학자들은 "인간은 사회적 동물"[16]이라고 했다. 그러나 이 말은 성경에 비추어 본다면 참 빈약한 표현이다. 인간은 물론 동물적인 요소를 가지고 있다. 그러나 단순히 '동물이다'라고 말하기에는 훨씬 더 복잡하고 고차원적인 요소들을 가지고 있다. 그러므로 성경적으로 더 정확하게 표현한다면, '인간은 관계를 추구하는 영적인 존재'라고 할 수 있다. 왜냐하면 하나님은 영적인 관계를 맺기 위해서 인간을 만드셨기 때문이다.

그 영적인 관계에 대해서 사도 바울은 에베소서 2장에서 이렇게 말했다. "우리는 하나님의 작품입니다. 선한 일을 하게 하시려고, 하나님께서 그리스도 예수 안에서 우리를 만드셨습니다"(엡 2:10, 새번역). 여기서 말하는 '선한 일'이 무엇일까? 여러 가지가 있을 수 있지만, 가장 기초적인 것은 문맥을 통해서 정확하게 알 수 있다. 사도 바울은 바로 다음 구절에서 '예수님 안에서 하나님과 영적인 사랑의 관계를 맺는 것'이라고 설명했다. "여러분이 전에는 하나님에게서 멀리 떨어져 있었는데, 이제는 그리스도 예수 안에서 그분의 피로 하나님께 가까워졌습니다"(엡 2:13, 새번역). 그는 이어서 "하나님의 가족입니다"(엡 2:19, 새번역), "하나님과 화해시키셨습니다"(엡 2:16, 새번역)라는 표현도 계속 사용했다. 모두 관계를 의미하는 단어들이다.

하나님은 영적인 사랑의 관계를 위해서 사람을 창조하셨다. 이것이 바로 우리를 그분의 형상대로 만드신 이유다(창 1:26). 역으로 말하면, 기본적으로 하나님과 교제할 수 있으려면 하나님의 형상을 가지고 있어야만 한다는 뜻이다. 동물의 수준으로는 안 된다. 그러므로 하나님의 형상을 가졌다는 것은 '영적인 존재'라는 뜻이다.

인간은 영적인 존재다. 그러므로 인간은 하나님과 영적인 관계를 맺을 때 비로소 가장 큰 기쁨을 누리게 된다. 그것은 인간이 경험할 수 있는 최고의 기쁨이다. 처음 예수님을 영접하고 마치 구름 위를 걷는 것처럼 좋았다고 말하는 사람이 있다. 자기도 모르는 사이에 그의 영이 하나님의 영(성령)을 체험한 것이다. 마치 물고기가 물을 만난 기쁨과 비교할 수 있을 것이다.

사람은 관계를 추구하는 영적인 존재다. 그래서 배우자와 관계가 무너졌을 때, 친구와의 관계가 배신으로 얼룩졌을 때, 자녀와 부모의 관계가 원수처럼 되었을 때 우리는 가장 큰 아픔을 느끼게 된다. 영적인 관계도 마찬가지다. 인간은 하나님과 관계가 단절되었을 때 극심한 고통을 느낀다. 그때 계속되는 불안과 외로움과 허무함은 그 어떤 것으로도 채워지지 않는다.

목회를 하다 보면 새신자들과 개인적인 면담을 하게 된다. 그들에게 예수님을 믿고 자신의 삶에서 가장 크게 변한 것이 무엇이냐고 물으면 대부분 "두려움이 사라졌다", "불안함이 없어졌다", "마음이 평안해졌다"라고 대답한다. 심지어 "비로소 잠을 깊이 잘 수 있게 되었다"라고 말하는 경우도 있다.

한번은 평생 불교를 믿던 할머니 한 분이 예수님을 믿게 되었다. 교회에 나와 성경 공부를 같이 했는데 70세가 넘은 분이 마지막 날까지 모든 과정을 완벽하게 마쳤다. 그 할머니 집에 심방을 갔는데 대문 앞에 나무로 만든 제사용품 같은 것들이 놓여 있었다. 무슨 일인지 묻자 자신은 평생 '남묘호렌게쿄'라는 일본 불교를 섬겼는데 이제 예수 신을 믿고 진정한 마음의 평안을 얻었다고 고백했다. 그동안 불면증으로 항상 괴로웠는데 이제는 편안히 잠을 잘 수 있게 되어 그간 사용하던 제

사용품들을 밖에 버린 것이었다.

구원이라는 것은 하나님과 관계가 단절되어 있던 한 영혼이 하나님과 영적이고 친밀한 사랑의 관계를 회복하게 된 것을 의미한다. 그때 세상이 줄 수 없었던 참된 평안을 경험하게 된다.

예를 들어, 어떤 사람이 프랑스에 갔다고 하자. 그곳에서 '만나만나'라는 음식을 먹었다. 그는 그 음식을 먹고 "아, 내가 정말 만나만나를 먹지 않았더라면 크게 후회할 뻔했다"라고 말할 수 있다. 그런데 한번 반대로 생각해 보자. 그 만나만나를 한 번도 먹어 보지 못한 사람이 그런 후회를 할 수 있을까? 제대로 된 후회는 어렵다. 왜냐하면 그 맛이 어떤지 모르기 때문이다. "후회할 뻔했다"라는 말은 그것을 경험한 사람만이 할 수 있는 말이다.

구원도 마찬가지다. 구원받지 못한 사람은 "구원을 받지 않았더라면 큰일 날 뻔했다"라는 말을 하지 않는다. 왜냐하면 하나님과의 사랑의 관계를 경험한 적이 없기 때문이다. 다시 말해서, 오직 하나님과 사랑의 관계를 맛본 사람만 그 사랑을 더 충만하게 누릴 수 있는 천국을 소망하게 되는 것이다.

그러므로 하나님과 관계가 전혀 없는 사람이 죽어서 좋은 곳으로 가기를 바라는 마음은 진정한 천국을 소망하는 것이 아니라 막연한 유토피아를 꿈꾸는 것이다. 그 사람은 천국이 무엇인지조차 모르는 사람이다. 그리스도인이 추구하는 것은 막연한 유토피아가 아니라 하나님과 사랑의 관계를 영원히 누리는 것이다.

오늘날 수많은 사람은 자신에게 구원이 필요하다는 사실조차 모르고 살아간다. 하나님을 전혀 경험한 적이 없기 때문이다. 그래서 예수님은 이 땅에 오셔서 사람들에게 하나님의 사랑을 가르쳐 주시고 보여 주셨다. 그리고 그 하나님과 영원한 사랑의 관계로 사람들을 초청하셨다. 그렇게 진정한 구원이 시작된 것이다.

1. 나는 지금까지 '구원'이 무엇이라고 생각하며 살아왔나요?

2. '구원'이 '관계'라면 나는 지금 하나님과 어떤 관계인가요?

3. 많은 사람이 하나님과 사랑의 관계가 아니라 막연한 유토피아만을 소
   망하는 이유는 무엇일까요?

진정한
구원의 확신

구원의 사전적 의미와 본질적 의미

히브리어로 기록된 구약성경에서는 '구원'의 의미로 다양한 단어들이 쓰였다. '나탄', '슈아', '예샤', '테슈아', '야샤', '예슈아' 등. 이 단어들은 주로 '건져 내다', '해방하다', '구출하다'라는 의미를 가지고 있다. 헬라어로 구원을 의미하는 '소테리아' 역시 마찬가지다. 그러므로 '구원받았다'는 말은 '생명이 오가는 큰 위험이나 억압으로부터 건짐 받고 해방 받은 것'을 의미한다. 그런데 여기서 우리는 구원의 단어적 의미가 아니라 본질적 의미를 생각해 볼 필요가 있다.

예수님은 삭개오에게 복음을 전하고 구원을 선포하시면서 이렇게 말씀하셨다. "오늘 구원이 이 집에 이르렀으니 이 사람도 아브라함의 자손임이로다"(눅 19:9). 예수님은 '구원'이라는 단어와 '아브라함의 후손'이라는 단어를 동일시해서 말씀하셨다.

그럼 여기서 예수님이 말씀하신 구원은 무엇을 의미하는 것일까? '앞으로 이 가정에 좋은 일이 있을 것이다. 사업이 잘되고 자녀가 잘될 것이다'라는 뜻일까? 혹은 '너는 앞으로 죽어서 천국에 가게 될 것이다'라는 의미일까? 아니면 '너는 이제부터 하나님의 자녀가 되어서 하나님과 바른 사랑의 관계를 나누는 사람이 되었다'라는 말일까?

나는 예수님이 삭개오에게 말씀하신 구원의 선포가 마지막 의미를 가리킨다고 생각한다. 그러므로 구원의 단어적 의미는 단순히 큰 위험에서 건짐을 받는 것이지만, 구원의 본질적 의미는 그 정도가 아니라 하나님과 '아버지와 아들(딸)의 관계'가 되는 것이다. 그런데 문제는 구원의 본질적 의미를 생각하지 않고 구원의 단어적 의미에만 집중하기 때문에 관계의 성숙을 놓친다는 것이다. 그리고 더 나아가서 구원의 확신과 자기 확신을 혼동하게 된다.

구원의 확신은 무엇인가?

구원의 확신은 구원의 결과이지 구원의 조건이 아니다. 만약 손에 100만 원을 쥐고 있는 사람에게 "당신은 100만 원을 갖게 될 것을 확신하는가?"라고 묻는다면 오히려 이상한 질문이 될 것이다. 100만 원에 대한 믿음 때문에 100만 원을 갖게 되는 것이 아니다. 이미 100만 원이 손에 있기 때문에 "나는 100만 원이 있다"라고 말할 수 있는 것이다. 구원의 확신도 마찬가지다. 구원을 이미 가지고 있기 때문에 구원의 확신이 생기는 것이지 구원의 확신 때문에 구원이 주어지는 것이 아니다.

그럼 진정한 구원의 조건은 무엇인가? 그것은 바로 예수님이다. 왜냐하면 오직 예수님을 통해서 하나님과 진정한 사랑의 관계를 맺을 수 있기 때문이다. 그래서 사도 요한은 "누구든지 예수님을 믿으면 그 사람에게는 하나님의 자녀가 되는 특권이 주어진다"라고 말했다(요 1:12).

이처럼 하나님의 자녀가 된 사람은 지금 죽어도 자신은 하나님 앞에 갈 수밖에 없는 존재라는 확신을 갖게 된다. 그러므로 우리가 천국에 가거나 지옥에 가는 것은 구원의 확신으로 결정되는 것이 아니라 내가 하나님과 어떤 관계인지에 따라서 결정되는 것이다. 다시 말해서, '나에게 구원의 확신이 있는가?'라는 질문은 '내가 오늘 천국에 갈 수 있을까?'라는 질문이 아니라, 훨씬 더 근본적으로 '나는 지금 하나님과 어떤 관계인가?'라는 질문이다.

그런데 만약 어떤 사람이 하나님과 사랑의 관계가 없는데도 불구하고 구원의 확신이 있다면 어떻게 해야 할까? 혹시 그것은 구원의 확신이 아니라 자기 확신이 아닐까? 잘못된 지식은 언제든지 잘못된 판단과 잘못된 확신으로 이어질 수 있다. 어쩌면 예수님 시대의 사두개인들과 바리새인들이 바로 그런 사람들이었다. 그들은 하나님을 사랑한다고 말했지만 사실은 자기 자신을 더 사랑하는 사람들이었다. 그럼에도 불구하고 누구보다 구원의 확신이 있었다.

그래서 사실 예수님은 한 번도 '구원의 확신'이라는 용어를 사용하신 적이 없었다. "너희가 구원의 확신이 있어야 천국에 간다"라고 말씀하신 적도 없었고, "구원의 확신 없이는 아버지께 올 자가 없느니라"라고 하신 적도 없었다. 그분은 다만 "마음과 목숨과 뜻을 다해서 하나님을 사랑하라" 하셨고 "그것이 가장 중요한 계명이다"라고 말씀하셨다(마 22:36-38).

사도 바울도 로마서 전체에서 '구원의 확신'이라는 용어를 한 번도 사용한 적이 없었다. 그는 다만 "믿음으로 우리가 양자의 영을 받아서 하나님의 자녀가 되었다. 그래서 하나님을 아빠 아버지라고 부를 수 있게 되었다"라고 말했다(롬 8:15). 모두 하나님과의 사랑의 관계를 의미하는 말씀들이다.

신앙생활에서 구원의 확신은 너무나 중요하다. 반드시 강조해야 하고, 스스로 구원의 확신이 있는지 점검해야 한다. 그러나 구원의 확신이 절대시되어서는 안 된다. 한국의 한 이단 종파는 구원의 확신만을 절대시한다. 사람들에게 구원받은 날짜가 언제인지 묻고는 그 날짜를 제대로 알지 못하면 구원받지 못한 사람으로 취급한다. 그들의 주장은 이렇다. "사람이 자신의 육체가 태어난 날도 기억하는데 하물며 영원한 생명을 받은 날을 기억하지 못한다는 것이 말이 되는가? 그는 구원받지 못한 것이 확실하다."

그러나 이러한 주장은 논리적으로 말이 안 된다. 자기가 태어난 날을 스스로 기억하는 사람은 없다. 모두가 주변에서 말해 주기 때문에 아는 것이다. 이것 역시 '구원 = 천국'이라는 피상적인 공식에서 헤어 나오지 못했기 때문에 벌어지는 일이라고 할 수 있다.

구원은 하나님과의 사랑의 관계다. 사랑을 해 본 사람은 다 알지만, 어느 날 극적으로 사랑에 빠져드는 사람이 있는가 하면 언제 사랑이 시작되었는지 알지도 못하는 사이에 사랑에 빠지는 사람도 있다. 나는 아내를 언제부터 사랑하게 되었는지 정확한 날짜를 모른다. 계속해서 교제하다 보니 어느 순간 진심으로 사랑하고 있다는 것을 깨달았다. 그러나 아내를 사랑하게 된 시점을 정확하게 기억하지 못하기 때문에 아내를 향한 내 사랑이 거짓이라고 생각해 본 적은 없다.

청년 시절에 한 친구가 가끔 내게 와서 속 이야기를 털어놓곤 했다. 한번은 자신을 설레게 하는 여자를 만났다고 했다. 다른 사람들을 만날 때는 그렇지 않은데 유독 그녀만 보면 가슴이 뛴다는 것이다. 외모가 특별한 것도 아니고 돈이 많은 것도 아닌데 이상하게 그녀만 보면 바보가 된다고 했다. 평소에는 여자들 앞에서 말도 잘하는데 그녀 앞에만 서면 말을 더듬고 얼굴이 붉어진다고 했다. 아마 모든 사람이 짐작할 것이다. 진정한 사랑이 시작된 것이다.

사랑이 시작된 날을 정확하게 모른다고 하더라도, 사랑을 해 본 사람들은 모두 분명하게 알고 있는 것이 있다. 그것은 바로 사랑의 진실성이다. 자신이 진심으로 상대방을 사랑하는지, 아니면 사랑하는 척하는 것인지 그 차이는 본인 스스로가 가장 잘 알고 있다. 구원은 하나님과의 사랑의 관계다. 그러므로 지금 하나님과 진정한 사랑의 관계 가운데 있다면 그 관계를 시작한 날짜를 기억하지 못한다고 해서 큰 문제가 되지 않는다.

나는 하나님을 사랑하는가?

언제나 관계의 핵심은 사랑이다. 그러므로 하나님을 믿는다는 말은 하나님을 사랑한다는 뜻이다. 이것은 예수님의 메시지에 일관되게 나타나는 특징이다. 예수님은 하나님을 사랑하는 것이 가장 큰 계명이라고 하셨고(마 22:37-38; 막 12:29-30), 산상수훈의 모든 내용은 하나님과 사랑의 관계를 바르게 재정립하라는 것이다. 당시 종교인들은 하나님과 관계가 없으면서 오히려 하나님과 관계를 바르게 하려는 사람들을 방해했다. 그래서 예수님은 그들에게 "자기들도 천국에 들어가지 않고 사람들이 천국에 들어가는 것도 방해하고 있다"고 책망하셨다(마 23:13).

예수님은 제자들에게 하나님을 '우리 아버지'라 부르라고 하셨고(마 6:9) 은밀한 중에 보시는 "네 아버지께서 갚아 주실 것이다"라고 하셨다(마 6:6). 물론 구약에서 하나님을 아버지로 표현하는 내용이 없는 것은 아니다(약 10회 '이스라엘 민족의 아버지'라는 뜻으로 쓰였다). 그러나 이렇게 개인적이고 직접적으로 하나님을 아버지라고 부르는 것은 당시 종교인들에게는 굉장히 충격적인 일이었다. 그렇게 친밀한 관계를 의미하는 단어를 하나님께 사용한다는 것은 도저히 있을 수 없는 일이었다. 그래서 그들은 예수님과 계속 대립각을 세웠다.

그러므로 나에게 진정한 구원의 확신이 있는지 여부를 스스로 확인하고 싶다면 방법은 아주 간단하다. 예수님의 말씀에 자기 자신을 집어 넣어 보면 된다. "나는 하나님을 사랑하는가?" 만약 하나님을 사랑하지 않는다면 천국에 못 간다. 하나님을 사랑하지 않으면서 왜 하나님이 계신 곳에 가려고 할까? 이는 논리적 모순이다. 물론 하나님을 향한 우리의 사랑이 부족한 것은 사실이다. 그럼에도 불구하고 하나님을 마음과 목숨과 뜻을 다해서 사랑하려고 노력한다면 그 사람은 하나님과 사랑의 관계 속에 있는 것이다.

우리가 받은 구원은 도를 닦아서 신선의 경지에 오르는 것도 아니고, 성적인 욕구와 먹는 욕구를 한없이 충족시키는 것도 아니고, 해탈해서 무념무상의 세계로 들어가는 것도 아니다. 우리의 구원은 '인간인 우리가 만물의 주인이신 하나님과 사랑의 관계를 맺고 그 따뜻한 사랑의 관계를 계속 성숙시켜 나가는 것'이다. 예수님은 "나를 거치지 않고서는 아무도 아버지께로 갈 사람이 없다"고 말씀하셨다(요 14:6). 이것은 부정적 의미가 아니라 긍정적 의미로 하신 말씀이다. 누구든지 예수님을 통해서 하나님과 사랑의 관계를 맺을 수 있다는 의미다.

우리는 혹시 주님을 믿는다고 하면서 구원이 무엇을 의미하는지도 제대로 모르고 있는 것은 아닐까? 우리를 향한 예수님의 뜻은 우리가 그분을 유토피아를 얻기 위한 도구로 삼는 것이 아니라 하나님을 아버지라 부르고 그분을 마음과 뜻과 정성을 다해서 사랑하는 것이다. 천국 가는 것이 전부가 아니다. 참다운 구원은 하나님이 우리에게 주신 사랑을 바르게 깨닫고 우리도 하나님을 그렇게 사랑하는 것이다. 진정한 구원의 확신은 바로 그 사랑의 관계를 확신하는 것이다.

1. 나는 진정한 의미에서 '구원의 확신'이 있나요?

2. 나는 지금 하나님과 어떤 관계인가요?

3. 하나님 아버지는 육신의 아버지와는 다릅니다. 나는 하나님을 진심으
    로 '아버지'라고 부를 수 있나요?

21세기
바리새인

복음을 이용하는가?

홍길동이라는 사람이 있었다. 그는 아내의 손에 이끌려서 가끔 교회에 나가곤 했다. 1년쯤 지나자 담임목사가 서리집사로 임명해 주어 얼떨결에 집사가 되었다. 그런데 홍 집사가 갑자기 죽어서 천국 문 앞에 서게 되었다. 당연히 천국 문은 굳게 닫혀 있었다. 그는 '어떻게 하면 이 문을 열 수 있을까?' 고민하다가 갑자기 예전에 담임목사가 설교 시간에 했던 말이 생각났다. "우리는 오직 믿음으로 천국 문에 들어갑니다." 그래서 그는 어린 시절 읽었던 동화《알라딘의 모험》에서 도둑들이 동굴 앞에서 "열려라 참깨!"라고 외쳤던 것처럼 천국 문을 향해 두 손을 번쩍 들고 큰 소리로 외쳤다. "열려라 믿음!"

그런데 이상하게 천국 문은 꿈쩍도 하지 않았다. 그래서 그는 말을 바꾸었다. "열려라 예수!" 이번에도 열리지 않았다. 그는 다시 말을 바꾸었다. "열려라 목사!", "열려라 장로!", "열려라 교회!" 등. 자기가 아는 모든 종교적인 단어를 외쳐 보았지만 여전히 천국 문은 꿈쩍도 하지 않았다. 그는 담임목사가 강단에서 했던 말과 똑같이 외쳤는데 왜 천국 문이 열리지 않는지 이해할 수 없었다.

물론 이 이야기는 허구다. 그러나 우리는 이 속에서 한 가지 교훈을 생각해 볼 수 있다. 그것은 바로 구원의 본질이 하나님과의 사랑의 관계라는 것을 제대로 이해하지 못할 때 범하게 되는 가장 큰 실수 중 하나는 복음을 이용하려고 한다는 것이다.

성경 공부를 인도하다 보면 종종 이런 질문을 받는다. "예를 들어, 어떤 사람이 교회 장로인데 알고 보니 외국인 노동자를 학대하는 나쁜 사람이다. 그렇다면 그는 구원을 받는가, 못 받는가?" 사실상 우리는 알 수 없다. 정답은 오직 하나님만 아신다. 다만 짐작할 수 있는 사람이 한 명 있다면 바로 자기 자신이다. 만약 그가 정말 하나님과 사랑의 관계가 있는 사람이라면 어느 순간 더 이상 그렇게 살아서는 안 된다는 것을 깨닫고 하나님 앞에서 철저히 회개할 것이다. 그러나 만약 '내가 아무리 나쁜 짓을 해도 하나님은 계속 용서해 주시니까 괜찮다'라고 생각한다면 그 사람은 정말 구원받은 사람이 아닐 수 있다. 왜냐하면 그 사람은 지금 복음을 이용하고 있기 때문이다.

사도 바울은 에베소서 2장 8절에서 "우리가 구원받은 것은 하나님의 은혜로 된 것이다"라고 말했다. 그런데 은혜에는 한 가지 약점이 있다. 그것은 이용당하기 쉽다는 것이다. 인간관계에서 상대방을 가장 쉽게 속일 수 있을 때는 상대방이 나에게 은혜를 베풀려고 할 때다.

이것을 본능적으로 알고 있는 인간은 똑같은 방식으로 하나님을 이용하려고 한다. 예수님을 믿으면 구원받고 천국에 갈 수 있다는 것을 일단 믿는다. 그런데 그 이상은 더 가까이 다가가지 않는다. 손해 보고 희생하고 고난당하는 것은 피한다. 왜냐하면 일단 구원을 보장받았기 때문이다. 어떤 의미에서 '구원'이라는 보험에 가입한 것이다. 그 사람이 천국 문 앞에서 "믿음!"이라고 외친다면 과연 어떻게 될까?

템플턴 상을 수상한 찰스 콜슨(Charles Colson)은 《러빙 갓》 (홍성사, 2002)에서 미키 코헨이라는 사람의 일화를 소개한다 (128쪽). 미키의 본명은 마이어 해리스 코헨(Myer Harris Cohen)인데 사람들이 만화 캐릭터 미키 마우스와 비슷하다며 미키라고 불렀다. 그는 키가 작고 머리가 벗겨졌으며 감옥에서 하루에 휴지를 8통씩 사용하던 결벽증 환자였다.

1949년에 미키는 LA 제일의 갱단 두목이었다. 그런데 어느 날 부하 중에 짐 바우스라는 사람이 갑자기 빌리 그레이엄 목사의 전도를 받고 그리스도인이 되었다. 하나님을 만난 바우스는 미키에게 찾아가 갱단을 나가겠다고 했다. 그것은 어떤 의미에서 목숨을 건 행동이었다. 조직을 배신한 자에게 주어지는 형벌을 그도 잘 알고 있었다. 그런데 이상하게 미키는 바우스를 죽이지 않았다. 그리고 오히려 자기도 그레이엄 목사를 만나고 싶다고 했다. 결국 미키는 그레이엄 목사를 여러 차례 만났고, 또 빌 존스라는 평신도 전도자의 인도를 받아서 예수님을 영접하는 기도도 따라 했다.

그런데 그럼에도 불구하고 미키는 갱단 생활을 포기하지 않았다. 그러자 존스가 참고 참다가 미키에게 범죄 집단과의 관계를 청산할 것을 요구했다. 그때 미키는 다음과 같이 대답했다. "존스 씨, 크리스천 영화배우도 있고, 크리스천 운동선수도 있고, 크리스천 사업가도 있습니다. 그렇다면 크리스천 갱단이 왜 안 된단 말입니까?"[17]

미키는 진정한 크리스천이 되었다고 하기 어렵다. 왜냐하면 복음을 받아들인 것이 아니라 복음을 이용했기 때문이다.

한국에서도 한 유명한 도둑이 감옥에서 예수님을 믿었다면서 여러 교회들을 돌아다니면서 간증 집회를 했는데, 한참 후에 다시 도둑질을 하다가 경찰에 붙잡혀서 감옥에 드나드는 일이 있었다. 또 어느 조직폭력배 두목이 감옥에서 그리스도인이 되었다고 하면서 출소 후에 간증 집회를 했는데, 나중에 다시 잘못된 행동을 해서 감옥에 갔다.

구원이 단순히 천국 가는 것이라면 당연히 복음은 쉽게 이용당할 수 있다. 좋은 곳에 가게 해 준다는데 왜 싫다고 하겠는가. 그러나 구원은 그런 것이 아니다. 그저 좋은 것을 주는 것이 아니라 하나님과 사랑의 관계를 맺는 것이다. 그리고 진정한 사랑의 관계는 상대방을 이용하지 않는다.

형식주의자인가?

오늘날 교회 안에서 복음을 이용하는 가장 전형적인 모습은 형식주의로 나타난다. 형식주의라는 단어를 들으면 우리는 본능적으로 2천 년 전 바리새인을 떠올린다. 그리고 오늘날 우리와 상당히 거리가 먼 사람들로 여긴다. 그러나 실제로 형식주의는 그렇게 복잡한 것이 아니다. 그것은 바로 종교적인 형식이 진정한 사랑을 대신하는 것을 의미한다.

예수님은 민망할 정도로 심하게 바리새인들을 책망하셨다. 사랑이 많은 분이 왜 그러셨을까? 여기에는 분명한 이유가 있었다. 그들이 만들어 낸 수많은 종교적 형식이 하나님과 사랑의 관계를 방해했기 때문이었다. 예를 들어, 흠이 없는 양을 제물로 바친다고 하자. 하나님은 흠이 없는 양을 드리려는 마음을 더 중요하게 생각하실까, 아니면 그 양 자체를 더 중요하게 생각하실까? 당연히 마음을 더 중요하게 생각하신다. 그런데 바리새인들은 양을 더 중요하게 생각했다. 그래서 양에 대한 규정과 제사에 대한 규정을 더 철저하게 만들었다.

이런 태도는 하나님을 비인격적인 존재로 인식하기 때문에 범한 실수다. 어떤 조건이 제대로 갖추어지면 하나님은 크게 불만이 없으시다고 생각하는 것이다. 절기에 맞추어 제사를 드리고, 살찐 양과 소로 제물을 드리고, 안식일을 철저히 지키면 하나님은 만족하실 것이라고 착각하는 것이다.

사실 하나님을 만족시킬 만한 어떤 정형화된 조건이란 존재하지 않는다. 만약 오늘날 교회에서 요구하는 여러 가지 것들을 기본적으로 지키면 구원을 보장받을 수 있다고 생각한다면 그는 21세기 바리새인이라고 할 수 있다. 왜냐하면 언제나 하나님이 우리에게 원하시는 것은 우리의 마음이기 때문이다.

아내가 집안일도 잘하고 가족들을 성실하게 잘 돌보는데 이상하게 남편에게 마음을 주지 않는다면 행복한 결혼생활이라고 할 수 있을까? 설령 집안일이 서툴고 부족한 점이 많다 하더라도 서로 마음을 주고받는 관계가 더 낫지 않을까? 사랑하는 사람이 원하는 것은 언제나 상대방의 마음이다. 형식은 그 마음을 잘 담기 위해서 잠시 필요할 뿐이다. 그래서 하나님은 살찐 송아지를 잡아서 제사를 드리는 이스라엘 백성에게 "너희가 나를 배반했다"라고 반복해서 말씀하셨다(막 7:6).

형식주의가 위험한 이유는 겉으로 보기에는 차이가 없기 때문이다. 마음이 제대로 담겨 있는지, 그렇지 않은지 겉으로 봐서는 모른다. 죄를 은폐하기도 쉽다. 형식을 다 하면 신앙생활을 다 한 것으로 보이기 때문이다. 그러나 사람은 속일 수 있을지 몰라도 하나님은 속일 수 없다. 왜냐하면 하나님은 우리의 중심을 보시기 때문이다(삼상 16:7).

만약 내가 지금 형식주의적인 신앙생활을 하고 있는 것은 아닌지 스스로 점검해 보고 싶다면 방법은 의외로 간단하다. 한 가지 질문을 던져 보면 된다. 그것은 바로 '오늘도 나는 죄와 싸우고 있는가?'라는 것이다. 이것은 형식주의를 무너뜨리는 가장 중요한 질문이다. 하나님에 대한 진정한 사랑과 형식주의를 가르는 가장 극명한 시금석은 죄에 대한 태도다. 그래서 다윗은 "하나님은 기름진 제물보다 상한 심령을 더 기뻐하신다"라고 고백했다(시 51:17).

그리고 진정한 회개는 단순히 죄를 슬퍼하는 것이 아니라 그 죄와 싸우는 것이다. 그러므로 회개는 한 번 하고 끝나는 것이 아니라 평생에 걸쳐서 반복하는 신앙 훈련이다. 종교개혁가 마틴 루터는 95개조 반박문의 첫 번째 문장에서 성도는 일평생 참회하는 자세로 살아야 한다고 주장했다. 물론 우리가 처음 예수님을 만났을 때 그분 앞에서 자기 삶의 방향을 180도 돌이키는 회개를 해야 한다. 그러나 그 후에는 더 이상 회개할 필요가 없을까? 그렇지 않다. 우리는 매일 자신의 삶을 돌아보고 잘못한 일을 주님께 자백하고 죄와 싸우는 삶을 살아야 한다. 그것이 구원받은 사람의 특징이다.

죄와 싸우는 사람

우리는 예수님을 믿고 죄 자체로부터 자유하게 되었을까, 아니면 죄의 결과로부터 자유하게 되었을까? 우리가 만약 죄 자체로부터 자유하게 되었다면 더 이상 죄의 욕구를 느끼지 않을 것이다. 다시 말해서, 로봇처럼 되는 것이다. 그런데 하나님은 인간을 그렇게 창조하지 않으셨다. 하나님은 인간에게 진정한 자유를 주셨다. 그것은 심지어 죄를 선택할 수도 있는 자유다. 다시 말해서, 우리는 죄 자체가 아니라 죄의 결과로부터 자유롭게 된 것이다. 십자가에서 그 죄의 형벌을 예수님이 대신 받으셨다. 그러므로 죄에 대한 욕구는 여전히 우리 속에 남아 있다. 그 죄와 죽을 때까지 싸워야 하는 것이다. 그것이 성도의 사명이다.

C. S. 루이스(C. S. Lewis)는 《고통의 문제》(홍성사, 2004)에서 우리가 살아가는 이 자연 질서 속에서 자유의지라는 것은 삶의 고통이라는 것과 반드시 맞물려 있게 되어 있다고 말한다. 우리가 우리 마음대로 무엇인가를 결정할 수 있는 한, 우리는 악과 고통을 직면하는 것을 절대 피할 수 없다는 것이다.[18] 인간에게 자유가 있는 한 죄는 불가피하다는 뜻이다.

많은 성도가 죄의 유혹 앞에서 당혹감을 느낀다. '예수 믿으면 죄에서 해방된다고 했는데 왜 계속해서 이토록 많은 죄의 유혹을 느끼는 것일까? 내가 잘못 믿은 것인가? 아니면 성령이 내 안에 안 계시는 것인가?' 하며 불안해한다. 그러나 너무

당황할 필요 없다. 우리가 무엇인가를 마음대로 결정할 수 있는 한 죄를 지을 수 있는 가능성은 언제나 열려 있다. 그러므로 우리는 그 죄의 욕구와 죽을 때까지 싸우기로 작정해야 한다. 그것이 바로 진정한 그리스도인이 받은 가장 큰 사명 중에 하나다.

"하나님이 선한 분이시라면 왜 이렇게 악한 세상을 만드셨는가?"하고 따지는 사람이 있다. 그러나 사실 그는 하나님이 인간에게 얼마나 많은 자유를 주셨는지 제대로 깨닫지 못한 사람이다. 그리스도인 영국 작가 J. R. R. 톨킨(J. R. R. Tolkien)은 《반지의 제왕》이라는 책에서 이를 아주 잘 표현했다. 주인공 프로도 배긴스는 너무나 매혹적이지만 악으로 똘똘 뭉친 절대 반지를 없애려고 죽을 때까지 싸운다. 그러나 참으로 아이러니하게도 마지막 순간에 그 절대 반지를 스스로 버리지 못한다. 이것이 바로 인간의 한계다. 죄와 싸우는 연약한 인간의 모습이다.

역사가들은 고대 로마시 인구의 3분이 1이 노예였을 것으로 추측한다. 그러나 그들은 비록 노예 신분이었으나 열심히 살다 보면 간혹 자유인이 될 기회가 주어졌다. 그런데 그들 중 자유인이 되었다가 다시 자청해서 노예로 돌아간 사례도 있었다. 그에게는 노예 생활이 더 편했기 때문이다. 사실 노예로 있으면 세금 걱정을 할 필요도 없고 생계를 염려하지 않아도 되었다. 주인이 아주 나쁜 사람만 아니라면 노예의 먹고사는 문제를 다 해결해 주었기 때문이다.[19]

자유인으로 사는 것이 쉬울까? 절대로 그렇지 않다. 왜냐하면 스스로 삶의 문제들과 싸워야 하기 때문이다. 그런데 이것은 영적으로도 마찬가지다. 우리는 구원받았다. 마치 이스라엘 백성이 이집트를 탈출한 후에 노예에서 자유인으로 신분이 바뀐 것처럼, 더 이상 마귀의 지배를 받지 않는 자유인이 되었다. 그런데 자유인이 되면 모든 고민과 걱정이 사라질까? 아니다. 사실은 이전과는 또 다른 싸움이 시작된다. 그것은 바로 죄와 싸우는 삶이다.

이전에는 죄와 싸울 필요가 없었다. 그냥 죄 속에서 뒹굴고 살면 그만이었다. 그러나 이제는 죄와 싸워야 한다. 다시 말해서, 영적 전쟁이 시작된 것이다. 이 세상에서 가장 치열한 전쟁터는 바로 내 마음속이다. 자기 자신과의 싸움이다. 다른 사람과 싸우는 사람은 이미 자기 자신과의 싸움에서 졌다는 뜻이다.

하나님과 관계가 없는 사람은 자기가 죄인인지 모른다. 그래서 죄와 싸우려는 생각조차 하지 않는다. 그러나 하나님과 사랑의 관계가 있는 사람은 죄를 느끼고 그 죄와 끝까지 싸우려고 한다. 왜냐하면 내가 사랑하는 하나님이 그 죄를 싫어하시기 때문이다. 예수님이 우리가 받아야 할 죄의 형벌을 대신 받으셨으니 이제 마음대로 살아도 된다고 생각하는 사람은 복음을 이용하는 사람이고 구원받은 대로 살지 못하는 사람이다. 정말 구원받은 사람은 오히려 죄와 끊임없는 싸움을 시작한다. 그는 종교적인 형식 뒤로 숨지 않는다.

오늘날에는 복음을 아주 쉽게 전한다. "예수 믿고 구원받으세요. 예수 믿으면 천국 갑니다"라고 말한다. 그런데 정작 예수님은 그렇게 말씀하지 않으셨다. "회개하라. 천국이 가까웠다"라고 말씀하셨다. 사람들을 죄와 싸우는 삶으로 초청하신 것이다.

예수님 당시 유대 사람들은 대부분 자신들이 죽으면 아브라함의 품으로 간다고 생각했다. 왜냐하면 아브라함이 그들의 조상이기 때문이었다(눅 16:23). 그런데 갑자기 세례(침례) 요한이라는 사람이 나타나서 정반대의 말을 했다. 그 내용은 "착각하지 마라. 너희가 아무리 혈통적으로 아브라함의 자손이라고 하더라도 회개하지 않으면 절대로 하나님 나라에 들어가지 못한다"라는 것이었다. "속으로 아브라함이 우리 조상이라고 생각하지 말라 내가 너희에게 이르노니 하나님이 능히 이 돌들로도 아브라함의 자손이 되게 하시리라"(마 3:9).

오늘 우리도 마찬가지 아닐까? 하나님은 길거리에 돌아다니는 자동차로도 하나님의 자녀를 만드실 수 있다. 그러므로 혹시라도 '내가 교회를 이렇게 오래 다녔는데, 십일조를 열심히 했는데, 주일을 열심히 지켰는데 당연히 구원받지 않을까?'라고 생각한다면 큰 착각이다.

주일예배 후에 한 성도에게 문자로 이런 질문을 받은 적이 있었다. "목사님, 구원은 단순히 천국 가는 것이 아니라 하나님과 사랑의 관계를 맺고 그것을 성숙시켜 나가는 것이라고 하셨는데 저는 그 말씀이 맞다고 생각합니다. 그러나 솔직히 그것이 그냥 '믿으면 구원받는다'라는 말보다 훨씬 더 어렵게 느껴집니다. 어떻게 하면 주님을 제대로 사랑할 수 있을까요?"

나는 그분이 설교를 정확하게 이해했다고 생각했다. 어찌 보면 더 어렵게 느껴지는 것이 당연하다. 왜냐하면 하나님을 사랑하는 것은 죄와 싸우는 것이기 때문이다. 하나님을 사랑하는 여러 가지 방법이 있지만 그중에 가장 대표적인 것이 바로 죄와 싸우는 것이다. 왜냐하면 내가 사랑하는 하나님이 죄를 미워하시기 때문이다.

사도 바울은 로마서 7장에서 자신의 죄 때문에 스스로 괴로워했다. 그런데 이것은 바울에게 우리가 알지 못하는 무서운 죄가 있어서가 아니었다. 반대로 바울이 그만큼 죄에 대해서 민감하기 때문이었다. 그는 정말 하나님을 사랑하기 때문에 진심으로 하나님이 싫어하시는 일을 하고 싶지 않았다. 그래서 끊임없이 죄와 싸우는 삶을 살았던 것이다.

'나는 복음을 이용하는 사람인가?' 혹은 '나는 형식주의자인가?'라는 질문은 '나는 지금 죄와 싸우고 있는가?'라는 질문으로 대신할 수 있다. 세상 사람들과 성도들이 다른 점은 하나님이 우리에게 죄와 싸울 수 있는 힘을 공급해 주신다는 것이다. 물론 넘어질 때도 있다. 그러나 우리는 포기하지 않는다. 끝까지 하나님을 의지하고 죄와 싸우는 삶, 그것이 바로 구원받은 사람의 모습이다.

1. 살면서 '은혜의 약점'을 경험했던 적이 있었나요? 내가 속았거나 다른 사람을 속인 경험이 있었나요?

2. 형식주의 뒤에 숨어 있거나 형식을 지키는 것으로 내 할 일을 다했다고 생각한 적이 있었나요?

3. 나는 지금 죄와 싸우고 있나요?

   (지금 싸우고 있는 죄가 있다면 나누고 서로 기도를 부탁하세요. 단, 성적인 죄는 나누지 않습니다. 성적인 죄는 서로에게 수치심을 줄 수 있습니다. 만약 성적인 죄를 고백하고 싶다면 믿을 수 있는 영적인 리더와 일대일로 나누기 바랍니다.)

사랑이
원하는 것

삶에 스며든 미신

'미신'이라는 단어를 사전에서 찾아보면 '논리적인 근거가 없는 맹목적인 신앙'이라고 설명하고 있다. 예를 들어, 숫자 '4'(四) 자가 한자로 '죽을 사'(死) 자와 발음이 같다는 이유로 4층이나 4호를 피하려고 하는 것, 자기 이름을 빨간색으로 쓰지 않는 것, 밥을 먹을 때 모서리에 앉지 않는 것, 뱃사람들은 생선을 뒤집어 먹지 않는 것(생선을 뒤집어 먹으면 배가 뒤집힌다고 믿는다), 문지방을 밟지 않는 것 등. 우리 생활의 거의 모든 부분에 미신이 침투해 있다고 해도 과언이 아니다. 이 모든 것은 논리적인 이유 없이 맹목적으로 불행을 피하려는 믿음에서 비롯된 행동들이다.

'일련정종'이라는 일본 불교의 한 분파가 있다. 영어로

SGI(Soka Gakkai International), 우리말로는 국제창가학회라고 한다. 이 종파는 특히 불경의 하나인 법화경을 경전으로 하는데, 법화경에 귀의한다(깊이 믿고 의지함)는 뜻으로 "나무묘법연화경"이라는 말을 반복한다. 이것을 일본식 발음으로 하면 "남묘호렌게쿄"가 된다. 이 불교를 믿는 사람들은 매일 그 단어를 반복한다. 그리고 그 단어를 계속해서 중얼거리면 모든 일이 잘된다고 믿는다.

우리나라 불교에도 비슷한 모습이 있다. "나무아미타불 관세음보살"이라는 말을 계속 반복하는데, '나무'라는 말은 '귀의한다'는 뜻이고, '아미타불'은 '부처님'을 가리키며, '관세음보살'은 '대자대비한 보살님'을 의미한다. 두 명의 신적인 존재를 부르면서 깊이 믿고 의지한다는 뜻으로 "나무아미타불 관세음보살"이라고 반복해서 말하는 것이다. 그 행위 자체를 '염불'이라고 한다.

티베트 불교 사원에는 '마니차'라는 것이 있다. 쇠로 만들어진 일종의 원통인데 손으로 돌릴 수 있게 되어 있고 표면에는 티베트 불교의 경전이나 기도문들이 깨알 같은 글씨로 적혀 있다. 티베트에는 문맹자가 많고, 또 글을 읽을 수 있다고 해도 그것들을 다 읽으면서 기도하려면 번거롭기 때문에 종처럼 생긴 마니차를 한 바퀴 돌리면 그 기도문을 가지고 한 번 기도한 것으로 간주해 준다. 그래서 사람들은 사원에 가서 한쪽 벽에 가득한 마니차들을 계속 돌리면서 지나간다. 많이 돌릴수록 기도를 많이 한 것이 된다. 심지어 마니차를 장난감처럼 작게 만들어서 들고 다니며 돌리기도 한다.

이것이 바로 미신적인 행동들의 특징이다. 어떤 종교적인 행위를 반복하면 그 속에 영적인 힘이 있다고 믿는 것이다. 우리 신앙생활에는 그런 모습이 없을까? 주기도문이나 사도신경을 외울 때 그 뜻을 정말 마음속에 되새기면서 말하는 것인가? 아니면 종교적인 형식이니까 아무 생각 없이 따라 하는 것인가? 만약 주기도문을 생각 없이 반복하기만 한다면 '주기도문'에서 '기도'가 빠지고 '주문'만 남게 될 것이다.

예배가 끝날 때 목사가 성도들에게 하는 축도 역시 마찬가지다. 심지어 주의 만찬도 그렇다. 예식의 진정한 의미를 바르게 되새기고 그 뜻에 내가 동참한다는 결단 없이 무조건 따라 하는 것은 미신적인 태도와 크게 다를 바 없다. 영접 기도는 어떨까? 그것이 기독교적인 주문이 되지 않도록 조심해야 한다. 진정한 회개와 깨달음과 결단 없이 영접 기도를 따라 하면 무조건 구원받는다고 생각한다면 그 기도문 역시 미신적인 주문이라고 할 수 있다.

우리가 하는 모든 신앙적 행위는 하나님과의 사랑의 관계에 초점이 맞추어져 있어야 한다. 왜 그 행위를 해야 하는지 분명히 알고 있어야 하고, 그 행위 자체가 목적이 아니라 그 행위를 통해서 하나님과의 사랑의 관계가 더 깊어지는 것이 목적이 되어야 한다.

만약 우리가 하루 종일 기독교적인 용어를 반복해서 수천 번 부른다면 오히려 하나님이 당황하실 것 같다. 어쩌면 그분은 "내가 마니차나 아미타불인 줄 아느냐? 나는 인격적인 존재다. 염불의 대상이 아니라 대화가 가능한 존재다"라고 대답하실지도 모른다. 무조건 같은 단어를 반복하는 것은 주문이고, 마음을 열고 대화하는 것은 기도다. 참고로 예수님은 산상수훈에서 중언부언 기도하지 말라고 말씀하셨다. 기도를 주문 외우듯이 하지 말라는 뜻이다(마 6:7).

목적과 수단의 싸움

우리가 미신적인 태도를 갖게 되는 이유는 잘못된 목적과 수단이 뒤섞여 있기 때문이다. 그 목적은 복을 받는 것이고, 그 수단은 종교적인 행위를 반복하는 것이다.

내가 이민 생활을 했던 곳에는 정말 다양한 인종이 모여 있었다. 그런데 가끔 중국 사람 중에 머리를 며칠 동안 감지 않아서 보기 흉한 채로 다니는 이들이 있었다. 처음에는 그들이 게으르기 때문이라고 생각했다. 그런데 나중에 알고 보니 이유가 다른 데 있었다. 머리를 자주 감으면 복이 달아난다고 믿기 때문이었다. 또 어떤 사람들은 같은 이유로 자신이 사용하는 컵을 일부러 씻지 않았다. 집을 사고팔 때도 마찬가지였다. 집 앞이 T자 형태의 삼거리인 경우 집을 사지 않았다. 문 앞으로 길이 쭉 뻗어 있어 복이 그 길을 따라서 다 밖으로 나가 버린다고 생각하기 때문이었다.

근처의 한 도시에는 중국 사람만 50만 명 정도 모여 있었다. 그들이 그 지역에 그렇게 많이 모여 사는 이유가 재미있었다. 풍수지리설에 의하면, 그곳이 바로 용의 여의주에 해당하는 곳이기 때문이라는 것이었다. 이를 통해 사람들이 얼마나 복을 갈구하는지 알 수 있었다.

그런데 이런 간절함은 우리의 신앙생활 안으로도 쉽게 들어올 수 있다. 한국의 어떤 기도원은 사람들에게 미리 십일조를 드리게 한다고 한다. 만약에 한 달에 1억을 벌고 싶다면 매월 천만 원을 미리 십일조하게 하는 식이다. 그리고 하나님이 앞으로 1억을 벌게 해 주실 것이라고 설교하는 것이다. 모두 미신적인 믿음이다.

하나님께 복을 기대하는 것은 어찌 보면 당연한 일이다. 그러나 하나님이 목적이 아니라 복이 목적이 되어서는 안 된다. 우리의 모든 신앙적 행위의 목적은 하나님을 사랑하는 것이 되어야 한다. 복이 목적이 되는 순간 하나님은 수단으로 전락하시게 된다. 복이 달아날까 봐 머리를 감지 않는 중국 사람들과 똑같은 가치관을 갖게 되는 것이다.

출애굽기에서 하나님은 스스로를 "질투하는 하나님"(출 20:5)이라고 표현하셨다. 이것은 하나님은 결코 목적에서 수단으로 전락하는 것을 허락하지 않으시겠다는 뜻이었다. 그런 의미에서 본다면 심지어 천국도 하나님보다 앞설 수 없다. 천국을 위해서 하나님을 믿는 것이 아니다. 천국을 위해서 하나님을 믿으면 하나님이 수단이 되신다. 반대로 하나님 자신이 목적이 되셔야 한다. 하나님을 사랑하기 때문에 영원히 그분과 함께 교제할 수 있는 천국에 가고 싶은 것이다.

기도의 목적도 기도 응답이 아니라 하나님과의 사랑의 관계가 깊어지는 것이 되어야 한다. 그래서 예수님은 "너는 기도할 때에 네 골방에 들어가 문을 닫고 은밀한 중에 계신 네 아버지께 기도하라"(마 6:6)라고 말씀하셨다. 이 말은 사람들이 많이 모인 곳에서 기도하는 것은 모두 잘못된 것이라는 뜻이 아니고, 기도를 통해서 하나님과 은밀한 사랑의 관계가 더 깊어져야 한다는 뜻이었다. 왜냐하면 기도는 하나님과의 사랑의 관계를 깊게 할 수 있는 가장 중요한 통로이기 때문이다.

기도 응답은 우리 모두가 바라는 바다. 그러나 때로는 기도 응답이 우리의 신앙 성숙을 방해하기도 한다. 마치 어린 자녀들이 엄마가 사 준 스마트폰을 엄마보다 더 좋아하게 되는 것과 마찬가지다. 오스왈드 챔버스(Oswald Chambers)는 이렇게 말했다. "영적으로 가장 어려운 것은 하나님께 집중하는 것입니다. 그런데 이를 어렵게 하는 것이 축복입니다. 고난은 거의 언제나 우리로 하여금 하나님을 보게 만듭니다. 반면 축복은 우리로 하여금 다른 것을 보게 하기 쉽습니다."[20]

내가 간절히 바라던 것이 이루어질 때 우리는 자연스럽게 그것 자체에 더 초점을 맞추게 된다. 바로 그 순간 하나님이 수단으로 전락하시는 것이다. 그래서 하나님은 가끔 'No'와 'Wait'으로 응답하신다. 신앙의 성숙은 바로 그때 드러난다. 'Yes'와 'No'와 'Wait' 모두가 중요한 하나님의 기도 응답이다. 각각의 기도 응답을 통해서 우리는 하나님의 더 깊은 사랑을 깨달아야 한다. 왜냐하면 우리 신앙생활의 목적은 나의 필요가 채워지는 것이 아니라 하나님과 사랑의 관계를 성숙시켜 나가는 것이기 때문이다.

무조건적인 감사

만약에 내가 혹시 미신적인 자세를 가지고 있는 것은 아닌지 진단해 보고 싶다면 스스로에게 간단한 질문을 던져 보면 된다. 그것은 바로 '복이 주어지지 않아도 감사할 수 있는가?'라는 것이다. 진짜 사랑은 돈이 많을 때가 아니라 돈이 없을 때 더 선명해진다. 상대방이 돈 때문에 잘해 주는지, 아니면 정말 순수하게 나를 사랑하는지 아는 방법은 단 한 가지다. 돈이 없어야 한다. 하나님과의 관계도 마찬가지다. 그토록 바라던 소원이 거절당하고, 심지어 고난 가운데 있을 때 비로소 하나님에 대한 자기의 사랑이 진짜인지가 더욱 선명해진다. 그때에도 마음속에 이유를 알 수 없는 감사가 있다면 그는 진짜 하나님을 사랑하는 것이다.

세상 사람들은 인생을 살아가다 고난을 만났을 때 어떤 힘으로 그 어려움을 이겨 낼까? 그때 관계의 힘을 의지한다. 사랑하는 가족이 옆에 있는 것만으로도 힘이 된다. 그들이 있기 때문에 다시 용기를 낼 수 있는 것이다. 신앙생활도 마찬가지다. 사랑하는 하나님이 나의 아버지가 되시고 나와 함께하시기 때문에 고난 중에도 감사할 수 있다.

구약성경에 나오는 최고의 신앙 고백 중에 하나는 하박국 선지자의 노래다. 그는 이렇게 고백했다. "비록 무화과나무가 무성하지 못하며 포도나무에 열매가 없으며 감람나무에 소출이 없으며 밭에 먹을 것이 없으며 우리에 양이 없으며 외양간에 소가 없을지라도 나는 여호와로 말미암아 즐거워하며 나의 구원의 하나님으로 말미암아 기뻐하리로다"(합 3:17-18). 오늘날 우리식으로 표현한다면 "사업이 망하고, 자녀가 학교 입학 시험에서 떨어지고, 직장에서 해고당하고, 꿈꾸어 왔던 것과는 반대로 내 인생이 초라하고 가난하며 보잘것없어도 나는 하나님 때문에 감사하고 기쁩니다"라고 고백한 것이다. 이 사람이야말로 진정 구원받은 사람이다.

언제나 우리의 신앙 고백은 교리를 외우는 것이 아니라 하나님을 향한 사랑 고백이 되어야 한다. 크고 작은 불행을 뛰어넘는 하나님을 향한 변함없는 사랑이 내 안에 있음을 고백하는 사람, 그리고 그 사랑 때문에 감사할 수 있는 사람이 바로 구원받은 사람이다.

진정으로 구원받은 사람에게는 하나님에 대한 무조건적인 감사가 있다. 그것은 관계에 대한 감사다. 그리고 하나님이 나의 아버지가 되신 것에 대한 감사가 있는 사람은 굳이 미신적인 행동을 할 필요를 느끼지 않는다. 그런 의미에서 본다면, 모든 위선적이고 종교적인 형식과 미신적인 행위는 하나님과 마음이 통하지 않았다는 증거다.

사랑이 원하는 것이 무엇일까? 그것은 언제나 상대방의 마음이다. 하나님도 마찬가지가 아니실까? 하나님이 우리에게 원하시는 것은 하나님에 대한 우리의 사랑이다. 왜냐하면 그분은 '질투하는 하나님'이시기 때문이다. 구약의 앞부분인 신명기에서 하나님은 모세를 통해서 그렇게 말씀하셨고(신 5:9), 신약의 거의 뒷부분인 요한일서에서 하나님은 다시 사도 요한을 통해서 "하나님은 사랑이시라"(요일 4:16)라고 선포하셨다. 단어만 달라졌을 뿐 같은 뜻이다. 긴 역사가 흘렀지만 하나님의 속성은 변함이 없다. 하나님은 사랑이시다. 그래서 우리에게 조건 없는 사랑을 주셨고, 오늘 우리도 하나님을 그렇게 사랑하기를 기대하신다.

1. 내가 가진 미신적인 태도(징크스, 루틴 등)가 있다면 무엇인가요?

2. 나의 모든 신앙적 행위의 목적은 무엇인가요?

3. 물질적인 복이 주어지지 않아도 하나님께 감사할 수 있나요? 만약 그렇다면 그 이유는 무엇인가요?

관계의
힘 (1)

아버지의 마음

1972년 프란시스 코폴라(Francis Coppola) 감독이 제작한 "대부"라는 영화가 있다. 마리아 푸조라는 작가가 쓴 소설을 영화화한 것인데, 그다지 좋은 내용은 아니지만 영화적으로만 본다면 정말 잘 만들어진 작품이라고 할 수 있다.

"나는 미국을 믿습니다"라는 대사로 시작되는 첫 장면은 영화인들 사이에서 너무나 유명하다. 대부가 그동안 어떤 삶을 살아왔는지 느끼게 해 주는 대목이다. 어두운 화면이 점점 밝아지면서 보나세라라는 이름의 장의사가 등장한다. 그는 대부를 찾아와서 개인적인 부탁을 한다. 자기 딸이 심한 폭행을 당했는데 딸을 그렇게 만든 범인들이 법정에서 집행유예로 풀려났다면서 그 억울함을 풀어 달라고 한 것이다.

그런데 대부는 듣기만 하고 시원스럽게 대답해 주지 않는다. 그러자 보나세라는 돈을 얼마나 주면 되겠느냐고 묻는다. 그 순간 대부는 갑자기 화를 내면서 "나는 지금 친구의 우정을 생각하고 있는데 당신은 돈을 이야기하는가!" 하며 정색한다. 이에 장의사는 자세를 바르게 하고 대부에게 공손하게 다시 묻는다. "나의 친구가 되어 주시겠습니까?"(Will you be my friend?) 대부는 조용히 고개를 끄덕인다. 그러고는 더 이상 말이 없다. 이제 둘은 돈의 차원을 뛰어넘는 관계가 된 것이다. 보나세라는 "대부"(God Father)라고 부르면서 그 손에 입을 맞추고 사라진다. 그 장면을 보면서 '비록 악한 자들도 관계의 힘을 알고 있구나'라는 생각을 했다.

진정한 관계에는 힘이 있다. 사실은 가족도 그 힘으로 유지되는 것이다. 내가 외국에서 공부할 때 아버지가 매달 생활비를 조금씩 보내 주셨다. 물론 교회에서 파트 타임으로 사역하고 사례비를 받았지만 그것으로는 생활이 불가능했다. 하루는 석양으로 붉게 물든 하늘을 바라보면서 주유소에서 차에 기름을 넣고 있었다. 그때 갑자기 철컥철컥하고 돈이 넘어가는 숫자가 보였다. 그리고 아버지가 생각났다. '아버지가 생활비를 조금씩이라도 도와주지 않으시면 이렇게 차에 기름을 넣고 다닐 수도 없을 텐데…'라는 생각이 들었다. 그래서 주유소 옆 공중전화기를 이용해 아버지에게 국제전화를 했다(당시는 핸드폰이 없었다).

아버지도 목회를 하셨기 때문에 피차 바빴다. 한 달에 한 번 정도 전화할 때는 주로 사무적인 이야기만 하고 송금을 확인하는 것이 전부였다. 그런데 그날은 일단 용건을 다 말씀드리고 난 후에도 전화를 끊지 않았다. 아버지에게 꼭 한마디를 해야 할 것만 같았다. 그래서 용기를 내서 나지막한 목소리로 아버지에게 고백했다. "아버지, 정말 감사합니다…." 둘 다 무뚝뚝한 성격이기에 평소에 잘 사용하지 않던 단어였다. 그래서 그랬는지 아버지는 갑자기 대답이 없으셨다. 전화기 너머로 잠시 침묵이 흐르더니 "돈 더 필요하냐?" 그러셨다. 그리고 이어서 "돈이 더 필요하면 내가 빚을 얻어서라도 보내 주마…"라고 하셨다.

지금도 그때를 생각하면 웃음이 나온다. 아들은 아버지가 어떤 마음인지 잘 이해하지 못할 때가 많다. 그러나 아버지는 아들을 사랑하고 아들과 더 가까워지고 싶어 한다. 그 마음만 통하면 아버지는 아들에게 아까울 것이 없다. 신앙생활도 비슷하다. 하나님은 우리와 더 가까워지기를 원하신다. 그 속에 관계의 힘이 있다.

진정한 구원의 확신은 단순한 교리를 확신하는 것이 아니라 하나님과의 사랑의 관계를 확신하는 것이다. 왜냐하면 '믿음'이라는 단어 자체가 하나님에 대한 인격적인 신뢰를 의미하기 때문이다. '1+1=2'라는 공식을 위해서 믿음이 필요할까? 그것은 그냥 사실이다. 그러나 내 자녀들을 향해서는 믿음이 필요하다. 계속해서 실망하고 실패해도 다시 믿어 주어야 한다. 그러므로 진정한 믿음은 언제나 관계 속에서 형성되는 것이다. 다시 말해서, 상대방을 신뢰하는 것이다. 하나님을 믿는다는 것은 바로 그분을 신뢰한다는 뜻이다. 여기에 세상이 결코 줄 수 없는 엄청난 힘이 있다.

구원은 마음과 마음이 통하는 사건

누가복음 15장에서 예수님은 우리가 너무나 잘 아는 비유를 말씀해 주셨다. 바로 탕자의 비유다. 아버지가 돌아가시기도 전에 유산을 달라고 요구해서 그것을 가지고 나갔다가 다 허비하고 거지가 되어서 돌아온 탕자. 그 탕자를 아버지에게 다시 돌아오게 한 힘은 어디에서 온 것일까? 그것이 바로 관계의 힘이다. 아들은 형편없는 사람이었지만 단 한 가지, 아버지와 아들 사이의 관계는 의심하지 않았다. '세상 사람들이 나를 다 버려도 아버지는 나를 받아 주실 것이다'라고 생각한 것이다(눅 15:18-20).

모세는 이스라엘 백성들을 위해서 기도할 때 하나님이 그들의 죄를 용서해 주시지 않는다면 차라리 자기 이름을 하나님의 기록하신 책에서 지워 달라고 간청했다. 참으로 엄청난 관계의 힘이 느껴지는 기도였다.

데이비드 A. 씨맨즈(David A. Seamands)는 인도의 선교사요, 목사요, 기독 상담가였다. 그는 《치유하시는 은혜》(두란노, 1991)에서 이런 내용을 소개한다.[21] 앤디라는 청년이 있었다. 우울증, 약물 중독, 마약 등 온갖 타락한 삶을 살다가 결국에는 견딜 수 없는 괴로움을 호소했다. 씨맨즈는 상담 중에 이렇게 말했다. "앤디, 당신은 누가복음의 탕자가 돼지 사료를 먹었던 것만 빼고는 정말 그 사람처럼 살았군요." 그는 이 말을 하고는 스스로 너무 심한 말을 한 것 같아서 속으로 후회했다.

그런데 그때 앤디가 충격적인 대답을 했다. 사실은 자신이 돼지 사료도 먹어 보았다고 한 것이다. "우드 스탁"이라는 록 페스티벌에 40만 명이 모여서 광란의 축제를 했는데 나중에는 그 많은 사람들에게 음식을 줄 수 없게 되자 정부가 공중에서 헬기로 돼지 사료를 뿌린 일이 있었다는 것이다. 앤디는 그 돼지 사료를 주워서 먹었다고 했다. 그리고 그 말을 하면서 헛

구역질을 했다. 그때 씨맨즈는 그 청년이 마지막으로 꼭 한 가지 해야 할 일이 남아 있다고 했다. 그것은 바로 아버지의 집으로 돌아가는 것이었다. 그리고 결국 그 일은 완전히 이루어졌다. 앤디는 마음의 문을 열고 자기 안에 있는 모든 상처와 아픔을 하나님께 드렸다. 그리고 새로운 인생을 살기 시작했다.

구원은 마음과 마음이 통하는 사건이다. 어떤 사람은 교리적인 내용을 충분히 설명해 주어도 믿지 못하지만, 어떤 사람은 설명을 제대로 다 해 주지 못했는데도 믿는다. 그 이유는 그가 겸손하게 자신의 마음을 하나님께 열어 드리는 순간 하나님이 그 마음속에 임재하셨기 때문이다. 서로 마음이 연결된 것이다. 찰스 스펄전(Charles Spurgeon) 목사의 고백처럼, 나는 수없이 반복해서 죽어도 반드시 하나님 앞에 가게 될 것을 믿는다. 내가 대단한 삶을 살아서가 아니다. 하나님이 내 아버지이시기 때문이다. 그 사랑의 관계를 만들어 주시기 위해서 예수님이 십자가에서 나를 위해서 죽어 주셨기 때문이다.

우리가 분명히 알아야 할 것은 천국에 대한 확신이 없기 때문에 하나님과의 관계가 형성되지 못하는 것이 아니라, 하나님과의 사랑의 관계가 없기 때문에 천국에 대한 확신이 생기지 않는 것이라는 사실이다. 하나님과의 관계는 변하지 않는

다. 하나님은 인간처럼 한 번 맺은 관계를 자꾸 바꾸시는 분이
아니다. 하나님은 전 우주에서 가장 신실하신 분이다. 내가 하
나님을 배반한다고 해서 하나님도 나를 배반하지 않으신다.
나는 하나님의 손을 놓을 수 있지만, 하나님은 나의 손을 놓지
않으신다. 아들이 아버지를 배반했다고 같이 아들을 배반하
는 아버지는 정상적인 아버지가 아니다.

그래서 사도 바울은 "이 세상의 어떤 피조물도 우리를 우
리 주 예수 그리스도 안에 있는 하나님의 사랑에서 끊을 수 없
다"고 강조했다(롬 8:35-39). 우리가 스스로를 포기하고 싶을 때
도 하나님은 우리를 포기하지 않으신다. 우리가 자신을 사랑
하는 것보다 하나님이 우리를 더 많이 사랑하시기 때문이다.
내가 잘못하면 나를 바로잡아 주시고, 내가 도망치면 포기하
지 않고 쫓아와서 고쳐 주시고, 내가 길을 잃어버리면 99마리
양들을 두고 끝까지 찾아오시는 분이 하나님 아버지시다.

그러므로 구원의 확신은 '나는 결국에는 하나님 앞에 가겠
구나. 죄가 있어서 혼나도 하나님 앞에 가서 혼나겠구나. 더
이상 하나님으로부터 도망칠 수 없는 존재가 되었구나'라는
사실이 깨달아지는 상태를 의미한다. 이것은 오직 하나님과
의 관계의 힘을 통해서 우리에게 주어지는 확신이다.

1. 하나님과 사랑의 관계가 주는 첫 번째 힘은 무엇인가요?

2. 예수님이 말씀해 주신 '탕자의 비유'(눅 15장)에서 둘째 아들을 결국 아버지에게로 돌아올 수 있게 했던 것은 무엇이었나요?

3. 인생을 살아가면서 '나는 결코 하나님을 떠날 수 없겠구나'라고 느낀 순간이 있었나요?

관계의
힘 (2)

하나님을 닮아 가는 것

인격 대 인격의 관계 속에는 또 다른 신기한 힘이 있다. 그것은 바로 상대방을 변화시키는 힘이다. 영화를 좋아하는 사람과 친하게 지내면 자기도 모르게 영화를 좋아하게 되고, 음악을 좋아하는 사람과 교제하면 아무래도 음악을 더 자주 듣게된다. 그림을 전공한 사람과 깊이 교제하면 어느새 유명 화가들의 그림들을 이해할 수 있게 된다. 이것은 억지로 되는 일이아니라 자연스러운 현상이다.

그러므로 구원이 하나님과의 사랑의 관계라면 우리는 반드시 하나님으로부터 영향을 받게 된다. 자연스럽게 삶이 변하는 것이다. 영적인 교제를 계속하는데 영향을 받지 않는 것이오히려 더 이상한 일이라고 할 수 있다. 물론 극적으로 변할 수도 있고, 점진적으로 변할 수도 있다. 어찌 되었든 계속해서 하나님으로부터 영향을 받고 삶이 변하는 것은 아주 당연한 일이다.

구원의 세 가지 단계 중에 두 번째인 성화는 '관계를 통해서 우리의 신앙이 성숙해 가는 과정'을 의미한다. 불교의 영성 과는 거리가 있다. 불교에서는 깊이 도를 닦고 참선을 해서 자기가 원하는 목표를 스스로 이루어 간다. 그러나 기독교에 서 말하는 성숙은 계속해서 상대방으로부터 영향을 받는 것 을 의미한다. 예를 들어 쇠를 자석에 붙여 놓으면 한참 후에 그 쇠도 자성을 갖게 되는 것처럼, 우리는 하나님께 붙어 있 으면 하나님으로부터 영향을 받는다. 하나님을 닮게 되는 것 이다. 그래서 예수님은 "항상 내 안에 거하라"고 강조하셨다 (요 15장).

사실 하나님을 닮는다는 표현이 조금 무모하게 느껴질 수 있다. '우리 같은 죄인들이 어떻게 거룩하신 하나님을 닮을 수 있겠는가?'라고 생각할 수도 있다. 그러나 만약 우리가 하나 님의 자녀라면 아버지를 닮는 것은 당연한 일이다. 그래서 베 드로 사도는 우리가 신의 성품에 참여하는 자가 되어야 한다 고 했다(벤후 1:4). 결론적으로 말하면, 신앙의 성숙은 하나님을 닮아 가는 과정이다. 그래서 아무리 교회를 오래 다녔어도 하나님과 사랑의 관계가 없는 사람은 신앙이 성숙하지 않는다. 왜냐하면 닮을 수 있는 상대가 없기 때문이다.

우리의 삶이 변하는 이유는 언제나 사랑 때문이다. 이 세상에서 사랑만큼 근본적으로 사람을 변화시킬 수 있는 동력을 가진 것은 없다. 어머니의 사랑이 우리를 성숙시켰고, 아버지의 사랑이 우리를 어른으로 만들었다.

그런데 여기에 아이러니하면서도 중요한 원리가 있다. 그것은 바로 사랑을 받을 때보다 사랑을 할 때 내가 더 성숙해진다는 것이다. 그 이유는 바로 사랑은 상대방에게 자신의 삶을 온전히 집중하는 것이기 때문이다. 흥미롭게도 인간은 자기 자신에게 집중할 때보다 타인에게 집중할 때 더 크게 변화된다. 하나님이 원래 인간을 그렇게 만드셨다. 그래서 자기 자신에게만 집중하는 모든 종교에 대해서 나는 항상 미성숙함을 느낀다. 진정한 영성은 사랑을 주고받는 공동체 속에서 힘을 발휘하는 것이다.

가정에서도 일반적으로 어머니의 변화가 아버지의 변화보다 더 큰 것 같다. 그 이유는 대개 어머니가 아버지보다 자녀에게 더 헌신적이기 때문이다. 여인은 부끄러움이 많은 편이지만 어머니는 부끄러울 것이 없다. 사랑하는 자식을 위해서라면 못할 일이 없는 용감한 사람이 되는 것이다. 우리 신앙생활도 마찬가지다. 하나님의 사랑을 받을 때보다 하나님을 사랑하게 될 때 훨씬 더 큰 삶의 변화가 있다. 그것이 바로 성화를 가능케 하는 관계의 힘이다.

무당의 굿을 통해서 사람의 인격이 변하고 스스로의 죄를 통렬하게 회개하는 일은 거의 일어나지 않는다. 왜냐하면 목적이 다르기 때문이다. 미신의 목적은 자신의 뜻을 이루는 것이고, 우리 신앙의 목적은 하나님을 더 사랑하는 것이다. 그런데 하나님을 사랑하면 반드시 인격적 성숙과 신앙적 성숙이 따라온다. 만약 하나님을 사랑한다고 하면서도 그런 변화가 없다면 그 사람은 신앙이라는 이름으로 자기 자신을 사랑하는 것이다. 어떤 사람은 "내 삶이 변화되기를 바라는데 어떻게 해야 할지 모르겠다"라고 말하기도 한다. 대답은 간단하다. 하나님에 대한 사랑이 있으면 변할 수 있고, 그 사랑이 없으면 변할 수 없다.

왜 원수를 사랑해야 할까? 왜 세상의 빛과 소금이 되어야 할까? 그렇게 해서 내가 엄청난 복을 받거나 사람들이 존경할 만한 훌륭한 사람이 되기 때문이 아니다. 영국의 철학자 버트런드 러셀(Bertrand Russell)이 말한 것처럼, 인간이라면 마땅히 그래야 한다는 당위성 때문이 아니다.[22] 그것은 바로 내가 사랑하는 아버지 하나님이 그것을 원하시기 때문이다. 그래서 언제나 진정한 순종은 진정한 사랑으로부터 나오는 것이다. 아브라함이 하나님께 잘 순종했다는 말은 그만큼 하나님을 사랑했다는 뜻이다.

삶의 변화는 사랑의 결과

성숙(성화)은 그것이 옳고 거기에 교리적 당위성이 있기 때문이 아니라, 하나님의 사랑이 나를 강권하시기 때문에 가능한 것이다(고후 5:14). 그래서 자연스럽게 그분의 말씀에 순종하게 되는 것이다. 어린아이들은 성공하겠다는 엄청난 야망이 있어서 공부를 열심히 하는 것이 아니다. 단순히 부모를 기쁘게 해 주고 싶어서 공부한다. 그것이 자신에게 큰 유익이 된다는 사실은 나중에 커서야 비로소 깨닫게 된다. 마치 우리가 지금 하나님을 사랑하기 때문에 그분의 말씀에 순종하지만, 나중에 그분 앞에 섰을 때 '그 모든 것이 나에게 상을 주시기 위한 하나님의 엄청난 계획이었구나' 하고 깨닫게 되는 것과 마찬가지다.

"구원 = 천국." 이것이 완전히 틀렸다는 말은 아니다. 맞기는 맞는데 과정을 너무나 많이 생략해 버렸기 때문에 자꾸 구원의 본질을 잊어버리게 되고, 더 나아가서 신앙의 성숙을 놓치게 된다는 뜻이다. 과정을 소홀히 하면 맞는 결과가 나와도 그것을 오해하게 된다. 왜 그런 결과가 나왔는지 모르기 때문이다. 아이들이 수학 문제를 푸는 모습을 보면서 내가 예전에 공부할 때와 많이 다르다는 것을 느꼈다. 그때는 답만 맞으면 점수를 받았다. 그런데 이제는 그 문제를 어떤 과정을 통해서 풀었는지 정확하게 설명할 수 있어야 한다. 다시 말해서, 답도 중요하지만 과정도 중요한 것이다. 구원을 이해하는 것도 마찬가지다.

사람은 사랑을 통해서 성숙하도록 디자인되어 있는데, 이것을 성화라는 교리적 당위성으로 자꾸 강조하면 우리는 자신도 모르게 무력감을 느끼게 된다. 성화라는 교리에 대해서 마치 100점을 요구하는 선생님 앞에 서 있는 듯한 부담감을 느끼는 것이다. 신앙의 성숙은 결코 부담이 아니다. 예수님은 우리 자신을 스스로 변화시키라는 뜻으로 말씀하신 적이 없다(물론 불교나 타 종교에서는 그런 식으로 말하지만). 다만 "나에게 끊임없이 붙어 있으라"고, "그러면 많은 열매를 맺게 될 것이다"라고 말씀하셨다(요 15:4-5).

언제나 삶의 변화는 사랑의 결과다. 하나님의 사랑으로부터 시작된 구원이 나에게 이르러 열매를 맺고, 나도 그분을 사랑할 뿐만 아니라 더 나아가서 이웃을 사랑할 수 있게 되는 것이 바로 신앙생활의 본질이다.

'나는 구원받았다'라는 말이 '나는 천국을 보장받았다'라는 말과 동일시되면 무엇인가를 주고받는 관계처럼 느껴진다. 신앙생활의 첫 출발이라고 할 수 있는 구원의 문제를 이런 식으로 생각하기 때문에 그 이후에 따라와야 할 신앙의 성숙이 제대로 이루어지지 않는 것이다. '구원받았다'라는 말은 언제나 '하나님과 사랑의 관계를 맺게 되었다'라는 뜻으로 이해되어야 한다. 그래야 칭의와 성화가 하나로 이어지게 된다.

나는 신학 공부를 할 때 구원을 교리적으로 설명하는 점이 항상 부족하게 느껴졌다. "우리는 구원을 받았고(칭의), 오늘도 구원을 이루고 있고(성화), 앞으로 구원을 완성(영화)할 것이다." 이것은 모두 교리적으로 정확한 표현이다. 그런데 이상하게 나에게 100% 만족을 주지 못했다. 마치 한 문장으로 설명하기 어려우니까 세 문장으로 나누어서 설명하는 것처럼 느껴졌다. 그래서 '이 세 가지를 하나로 표현할 수 있는 방법이 없을까?'라고 생각했다.

그런데 구원은 하나님과의 사랑의 관계라는 사실을 깨닫고 그 고민이 사라졌다. 관계는 하나의 사건이기도 하고 연속되는 과정이기도 하다. 마치 삼위일체 하나님이 세 분이심과 동시에 한 분이신 것처럼 구원의 세 가지 과정은 하나님과의 사랑의 관계 속에 하나로 녹아져 있다.

예수님은 구원을 단계별로 나누어서 설명하신 적이 한 번도 없다. "너에게 구원의 확신이 있느냐? 그럼 너는 칭의의 단계를 통과했구나. 이제 성화의 단계다. 앞으로 영화의 단계를 목표로 가야 한다"라고 말씀하신 적이 없다. 이는 신학자들이 우리의 이해를 돕기 위해서 만들어 낸 용어들이다. 예수님은 단순하게 관계에 대해서 말씀하셨다.

> "내 안에 머물러 있어라. 그리하면 나도 너희 안에 머물러 있겠다. 가지가 포도나무에 붙어 있지 아니하면 스스로 열매를 맺을 수 없는 것과 같이, 너희도 내 안에 머물러 있지 아니하면 열매를 맺을 수 없다. 나는 포도나무요, 너희는 가지이다. 사람이 내 안에 머물러 있고, 내가 그 안에 머물러 있으면, 그는 많은 열매를 맺는다. 너희는 나를 떠나서는 아무것도 할

수 없다"(요 15:4-5, 새번역).

"내 멍에를 메고 나한테 배워라. 그리하면 너희는 마음에 쉼
을 얻을 것이다. 내 멍에는 편하고, 내 짐은 가볍다"(마 11:29-
30, 새번역).

성화에 대해서 이보다 더 정확한 설명이 있을 수 있을까?
성화는 관계의 결과다. 우리가 하는 모든 '신앙 훈련'은 그것
을 통해서 나의 의를 축적하는 것이 아니라, 혹시라도 내 안에
있는 하나님과의 관계를 방해하는 것들을 제거하고 그 관계
를 더욱 친밀하게 하는 것을 목적으로 해야 한다.

신학교 다니던 시절에 요한복음 15장을 읽다가 큰 충격을
받은 적이 있었다. 예수님은 요한복음 15장 2-8절에서 '열
매'라는 단어를 6회나 반복해서 말씀하셨다. 그런데 단 한 번
도 "열매를 많이 맺어라" 하지 않으셨다. 그 대신 2-10절에서
'거하라'라는 표현을 9회, '있다'라는 표현을 1회 말씀하셨고,
'붙어 있다'라는 말씀도 2회 하셨다. 간단하게 말해서, 예수님
은 표현을 바꾸어 가면서 같은 말을 12회 이상 반복하신 것이
다. 그것은 바로 '친밀한 관계'를 위한 초청이었다. 그리고 그

것이 바로 열매의 비결이었다. 왜냐하면 그 속에 예수님만 주실 수 있는 관계의 힘이 있기 때문이다.

오토타케 히로타다(Ototake Hirotada)는 1976년 선천성 사지 절단증을 가지고 태어났다. 그러나 그는 어려운 신체적 환경에도 불구하고 잘 자라 결국 와세다 대학 정치학과를 졸업했고, 1998년 자신의 인생을 담은 《오체불만족》이라는 책을 썼다. 이 책은 전 세계적으로 600만 부 가까이 판매되었다. 이후 그는 방송에도 많이 출연했고, 수많은 사람에게 귀감이 되었으며, 결혼해서 삼남매를 두었다. 그런 그가 심각한 스캔들에 휘말렸다. 아내 외에 최소 다섯 명 이상의 여인들과 성적인 관계를 맺고 있었던 것이다. 그래서 사람들로부터 많은 비난을 받게 되었다. 결국에는 이혼했고 많은 사람의 마음에 큰 상처를 남겼다.[23]

호주 출신의 닉 부이치치(Nick Vujicic)는 비슷하지만 다른 모습을 보여 주었다. 그는 목사의 아들로 태어났다. 태어날 때 양팔과 양다리가 없었고, 작은 발이 달려 있었는데 한쪽 발에만 두 개의 발가락이 있었다. 호주 법에 의하면 신체 부자유자는 공립학교에 다닐 수 없었다. 그러나 닉이 특수학교를 다니는 동안 법이 바뀌었고, 부모는 그를 바로 공립학교에 진학시

켰다. 이에 닉은 호주의 공립학교에서 첫 번째 신체 장애를 가진 학생이 되었다. 물론 학교에서 왕따를 당했다. 심한 우울증에 빠졌고 열 살 되던 해부터 자살을 생각하게 되었다.

그러나 그는 하나님을 깊이 만나 인생이 변했고, 이제는 사람들 앞에서 자기가 만난 하나님을 간증하는 사람이 되었다. 수많은 학생이 그의 간증을 통해서 자살 충동을 거부하고 새로운 인생을 살게 되었다. 지금도 그는 전 세계 수많은 나라를 방문해 매년 500만 명이 넘는 사람들에게 자기가 만난 하나님을 증거하고 있다.[24]

닉과 오토타케는 겉모습은 상당히 비슷하다. 살아온 삶의 여정도 비슷하다. 그런데 지금 두 사람의 상황은 완전히 다르다. 한 사람은 여전히 많은 사람에게 선한 영향력을 끼치고 있고, 다른 한 사람은 많은 실망을 안겨주었다. 왜 이렇게 되었을까? 이것은 그들의 삶을 변화시키는 힘이 어디에서 비롯했는가의 차이다. 자신에게 닥친 고난을 단순히 긍정적인 마음으로 이겨 낸 사람과 하나님과 함께하는 삶 속에서 그분이 주시는 힘으로 이겨 낸 사람의 차이다.

닉이 한 TV 프로그램에 출연해 두꺼운 성경책을 의지해 몸을 일으키고 그 성경책을 앞에 놓고 간증하는 모습은 너무나 감동적이었다. 나는 그 모습을 보면서 가슴 깊이 깨달음을 하나 얻었다. '하나님이 함께해 주셔야만 한다. 내 힘으로는 안된다'는 것이었다. 많은 사람이 자기 힘으로 자기 멍에를 메고 살아간다. 예수님 안에 머물러 있으려고 하지 않고 자기 안에 머물러 있으려고 한다. 그러나 아무리 탁월한 사람이라고 하더라도 자기 힘을 의지하는 순간 넘어진다. 마치 베드로가 예수님을 바라보고 있을 때는 물 위를 걸을 수 있었지만 바람과 풍랑을 바라보자마자 물속에 빠져 들어갔던 것과 마찬가지다 (마 14:30).

성화는 하나님이 주시는 '뜻밖의 선물'

우리는 천국에 대한 많은 오해를 가지고 있다. 세상적인 가치관으로 하늘의 상급을 기대한다. 그러나 사실 지금 우리가 귀중하게 여기는 모든 것은 하늘에서 무의미하게 된다. 그리고 우리가 지금 소홀히 여기는 것들이 그날에는 너무나 귀중한 것들이 될 것이다.

우리 아이들이 어렸을 때다. 한번은 첫째와 둘째가 서로 엄마를 차지하겠다고 싸웠다. 첫째가 "엄마는 나를 더 사랑해" 하고 엄마 품으로 파고들었다. 그러자 둘째가 "엄마는 나를 더 사랑해" 하더니 첫째를 밀어내고 엄마 품에 안겼다. 그러자 첫째가 다시 "엄마는 나를 더 사랑해" 하면서 또 둘 사이에 끼어들었다. 이제 본격적으로 서로를 밀어내는 싸움이 되었다. 아내는 일부러 어떻게 되는지 보고 싶어서 오는 대로 안아 주기만 했다.

그러던 중에 둘째가 첫째를 밀어내면서 결정적인 멘트를 날렸다. "내가 엄마를 더 많이 닮았단 말이야!" 그러자 첫째가 갑자기 멍하고 서 있더니 "으앙!" 하고 울기 시작했다. 왜냐하면 실제로 둘째가 아내를 훨씬 더 많이 닮았기 때문이었다.

천국도 마찬가지다. 우리의 면류관은 하나님을 닮는 것이다. 금이나 보석이 아니다. 그런 것들은 진정한 천국의 아름다움을 묘사하기 위한 하나의 상징일 뿐이다. 신앙의 성숙(성화)은 하나님을 닮아 가는 과정이다. 그것은 내 힘으로 되지 않는다. 하나님과의 관계의 힘을 통해서 그분이 주시는 것이다.

천국은 감추어진 것이 없는 곳이다. 고린도전서 13장 말씀처럼, 지금은 우리가 거울로 보는 것처럼 희미하게 보이지만(성경 기록 당시는 거울이 희미했다) 그때에는 우리가 서로를 투명하게 볼 것이다(고전 13:12). 그때 나는 하나님 앞에서 "내가 엄마를 더 많이 닮았어!"라고 외쳤던 아이처럼 말할 수 있을까?

지금 살아가는 이 세상은 잠시 우리에게 주어진 선물이다. 하나님을 조금이라도 더 사랑하고 그분의 성품을 닮아 갈 수 있는 유일한 기회다. 그러므로 오늘도 내 안에는 하나님과 더 깊은 관계를 향한 소망이 있다. 참된 성화는 내 힘으로는 불가능하기 때문이다. 오직 내 안에 계신 성령님만 나를 변화시키실 수 있다. C. S. 루이스가 구원을 "예기치 못한 기쁨"이라고 표현했던 것처럼, 성화(신앙의 성숙)는 구원받은 사람에게 하나님이 주시는 '뜻밖의 선물'이다. 그것은 원래 주님을 만나기 전까지는 전혀 기대하지도 못했던 일이었다.

1. 예수님을 믿기 전과 비교했을 때 지금 내가 가장 많이 달라진 부분은 무엇인가요? (어려서부터 예수님을 믿은 경우 예수님을 깊이 체험했던 사건 전후 자신의 달라진 모습을 나누면 됩니다).

2. 자신의 힘으로 고쳐 보려고 했음에도 불구하고 계속 실패했지만, 신앙생활을 하면서 어느 순간 자기도 모르게 고쳐진 잘못된 습관이나 삶의 문제가 있나요?

3. 내가 예수님을 가장 많이 닮고 싶은 부분은 무엇인가요?

믿음은
무엇인가? (1)

믿음은 사실을 사실 그대로 받아들이는 것

'믿음으로 구원받았다'는 말은 '믿음으로 하나님과 관계를 시작하게 되었다'는 뜻이다. 다시 말해서, 우리가 하나님과 관계를 시작할 수 있도록 해 주는 것이 바로 믿음이다.

하나님은 왜 돈이나 시험, 율법의 행위를 조건으로 그분과 관계를 맺을 수 있도록 하지 않으시고 믿음으로 관계를 시작할 수 있게 하셨을까? 그것은 바로 믿음이 인격 대 인격의 신뢰 관계를 의미하기 때문이다. 우리는 '믿음'이라는 단어를 '자기 확신'과 혼동할 때가 많다. 물론 믿음에 그런 요소가 없는 것은 아니다. 그러나 마치 '아버지'라는 단어 속에 여러 가지 요소가 담겨 있듯이, 믿음이라는 단어 속에도 여러 요소들이 들어 있다. 그중에 가장 기본이 되는 것이 바로 사실을 사실대로 인정하는 것이다.

나는 '캡틴 쿡'이 어떤 사람인지 전혀 몰랐다. 나중에 TV 프로그램을 보고 상당히 유명한 사람이라는 것을 알게 되었다. 본명은 제임스 쿡(James Cook)인데 평민 출신으로 영국 해군 대령까지 되었고 태평양을 일곱 번 항해했으며, 오스트레일리아 동해안에 도착했고 하와이 제도를 발견했으며, 세계 일주 항해 일지를 자필 원고로 남겼다(위키피디아 참고).

그런데 그 당시(1700년대)에 선원들을 가장 괴롭혔던 것은 괴혈병(비타민C 부족으로 생기는 병)이었다. 잇몸에서 피가 나고 이가 빠지고 혈뇨와 혈변을 보고 모든 내장 기관에서 피가 나면서 죽는 무서운 병이었다. 심한 경우 항해하면서 선원들의 50%가 괴혈병으로 죽는 일도 빈번했다. 그런데 제임스 린드라는 의사가 신선한 야채를 먹으면 병이 나을 수 있다고 말했다. 많은 사람들이 그 말을 무시했지만 쿡 선장은 새겨듣고 소금에 절인 양배추를 배에 잔뜩 싣고 첫 번째 항해를 떠났다. 그리고 모든 선원들에게 짜디짠 양배추를 억지로 먹게 했는데 괴혈병으로 한 사람도 죽지 않았다. 사실을 사실대로 인정하는 객관적인 자세가 생명을 구한 것이다.

많은 학자들이 사도행전이 주후 64년 이전에 기록되었다는 것에 동의한다. 그 이유는 바로 주후 64년에 로마 대화재가 있었기 때문이다. 많은 사람들이 '로마에는 돌로 지어진 건물이 많은데 왜 대형 화재가 발생했을까?'라고 생각한다. 그러나 당시 로마 시내에는 목조 건물들이 대부분이었다. 로마 시민들은 '인술라'(insula)[25]라고 불리는 6-7층짜리 주상 복합 건물에서 생활했다. 1층은 하중을 견디기 위해서 돌로 지었고 각종 상점들이 들어섰다. 그리고 2-6층은 나무로 지었다. 물론 귀족들은 고풍스럽게 돌로 지은 건물에서 살았지만, 평민들은 이처럼 나무로 지어진 일종의 주상 복합 공동 주택에서 생활했던 것이다. 게다가 인술라는 옆 건물과 거의 붙어 있다시피 했다.

그런데 어느 날 로마 시내의 상점들이 밀집된 곳에서 화재가 났다. 그리고 그 불이 때마침 불어온 '시로코'라는 바람을 타고 온 도시로 번져 갔다. 당시 로마시 전체가 14구역으로 되어 있었는데 9-10개 구역이 화재 피해를 입었고 그중에 3-4개 구역은 전소되었다. 그러니까 도시 전체의 3분의 2가 화재 피해를 입었던 것이다. 그리고 그때부터 흉흉한 소문이 돌기 시작했는데 바로 "네로 황제가 불을 질렀다"라는 것이었다. 어떤 사람은 "황제가 멋진 건물을 새로 짓고 싶어서 다 불태워 버렸다"라고 말하기도 했고, "아니다. 황제는 과대망상증 환자이기 때문에 불타는 도시를 바라보면서 시를 읊고 싶어서 불을 지른 것이다"라고 이야기한 사람도 있었다.

어떤 것이 정확한지는 사실 지금까지도 잘 모른다. 단순한 사고였을 수도 있다. 그런데 네로 황제가 평소에 단정한 삶을 살았더라면 이런 소문이 점차 수그러들었을 텐데, 그는 삶이 워낙 엉망이었기 때문에 소문이 점점 더 커지기 시작했다. 사실 네로는 과대망상증이 있었고, 성적으로도 아주 문란해서 동성애는 기본이었고 근친상간도 주저하지 않았다. 그리고 의심되는 사람은 모조리 죽였다. 의붓동생, 친어머니, 스승, 그리고 자기 아내도 죽였다.

어쨌든 로마 대화재로 인해서 정치적으로 궁지에 몰린 네로는 탈출구가 필요했다. 그래서 선택된 사람들이 바로 그리스도인들이었다. 당시 그리스도인들은 대부분 억압받는 자들이거나 신분이 낮은 사람들, 즉 함부로 죽여도 저항할 수 없는 사람들이었다. 네로는 그들이 사회에 불만을 품고 대화재를 일으켰다고 누명을 씌워서 학살하기 시작했다. 온몸에 기름을 칠해 인간 횃불을 만들기도 했고, 원형 경기장에 모아 놓고 짐승 가죽을 뒤집어씌운 다음 사자들에게 먹잇감으로 주기도

했다. 수많은 로마 시민은 그런 구경거리에 열광했다. 지금이나 2천 년 전이나 인간은 똑같이 잔인하다.[26]

네로가 그리스도인들을 박해하기 전까지 사도 바울은 제법 자유롭게 지낼 수 있었다. 2년 정도 가택연금을 당하다가 1차 재판을 받았는데 특별한 죄가 없었다. 그래서 다음 재판이 연기되었고 약간의 자유가 주어졌다(원래 로마법에 황제에게 항소한 재판이 2년 이내에 확실한 결말이 나지 않으면 일단 석방해 주는 관례가 있었다). 그 덕분에 바울은 로마에서도 전도하고 마케도니아 지역까지 가서 복음을 전하기도 했다.

그런데 네로가 그리스도인들을 잡아들이기 시작하자 마케도니아의 관리가 그 지역에 와 있는 바울을 잡아서 로마로 후송한 것으로 추정된다.[27] 왜냐하면 바울이야말로 기독교의 우두머리이기 때문이었다. 이후 바울은 감옥살이를 하다가 결국 2차 재판을 받았는데 그때 사형을 언도받았다. 나쁜 종교를 전한다는 죄목이었고, 또 화재를 일으킨 그리스도인들의 실질적인 지도자라는 이유에서였다. 그래서 목 베어 죽임을 당했다.

만약 누가가 사도행전을 주후 64년 이후에 기록했다면 그처럼 많은 그리스도인과 사도 바울이 함께 순교한 사건을 전혀 기록하지 않았을 리가 없다. 그래서 대부분의 학자들은 사도행전이 주후 64년 이전에 기록되었을 것이라고 추측한다.

그럼 당연히 떠오르는 생각이 사도행전을 기록한 누가가 쓴 누가복음이다. "데오빌로여 내가 먼저 쓴 글에는 무릇 예수께서 행하시며 가르치시기를 시작하심부터 그가 택하신 사도들에게 성령으로 명하시고 승천하신 날까지의 일을 기록하였노라"(행 1:1-2). 여기서 '내가 먼저 쓴 글'은 사도행전보다 먼저 기록한 누가복음을 의미한다. 보통 학자들은 누가가 누가복음을 기록하고 약간 시간이 흐른 후에 사도행전을 기록한 것으로 보고 있다. 왜냐하면 호칭이 변했기 때문이다. 누가복음에서는 "데오빌로 각하"라고 하고, 사도행전에서는 "데오빌로여"라고 한다(눅 1:3; 행 1:1). 그 사이 상당한 시간이 흐르면서 두 사람 사이의 관계가 더 발전했다고 볼 수 있는 대목이다.

결과적으로 사도행전 마지막 부분에 "사도 바울이 2년 동안 큰 방해를 받지 않고 가택연금 상태에서 복음을 전했다"라고 했으므로(행 28:30-31), 아주 보수적으로 계산한다고 하더라도 사도행전은 주후 64년 이전에 기록되었고, 그 안의 내용들은 주후 62년 이전의 사건들이라고 할 수 있다. 그렇다면 누가복음은 그보다 조금 앞선 주후 59-60년쯤 기록되었을 것이고,

자연스럽게 마가복음의 기록 연대에 관심이 쏠리게 된다.

대부분의 학자들은 마가복음이 누가복음보다 먼저 기록되었다는 데 동의한다. 그럼 마가복음이 누가복음보다 1-2년만 먼저 기록되었다고 하더라도 마가복음의 기록 연대는 주후 57-58년이 된다. 그러면 예수님이 주후 33년에 승천하셨으니까 불과 25년 이내에 복음서가 쓰였다는 결론이 나온다. 이것은 많이 양보한 수치라고 할 수 있다. 실제로는 그보다 더 빨리 기록되었을 가능성이 높다. 이것이 중요한 이유는 예수님의 말씀과 생애를 기록한 사복음서와 사도행전 모두 예수님을 보고 들은 사람들이 살아 있을 때 기록되었다는 뜻이 되기 때문이다.

〈시카고 트리뷴〉(Chicago Tribune)이라는 신문사에서 인정받는 기자였던 리 스트로벨(Lee Strobel)은 《예수는 역사다》(두란노, 2015)라는 책을 썼다. 그 책에는 저자가 크레그 블룸버그(Craig Bloomberg)라는 덴버 신학교의 유명한 신약학 교수를 만나서 대화하는 장면이 나온다. 블룸버그 교수는 좀 전에 기술한 사도행전과 복음서의 관계를 자세히 설명하면서 이런 이야기를 덧붙였다.

"가장 초기인 알렉산더 대왕의 전기 두 편은 그가 죽은 지 무려 400년 이상이 지난 후에야 아리안과 플루타크에 의해 쓰였습니다. 하지만 놀랍게도 지금의 역사가들은 그 자료를 일반적으로 신뢰할 만하다고 여기고 있습니다. … 그렇기 때문에 복음서가 예수의 생애가 끝난 후 30년 혹은 60년 뒤에 기록되었을지라도 알렉산더의 경우와 비교해 볼 때 그 정도의 시간은 충분히 무시할 만합니다. 그 점은 거의 논쟁할 만한 가치가 없습니다."[28]

예전에 "응답하라 1988"이라는 드라마가 많은 시청자에게 인기를 끌었다. 큰 인기 비결 중 하나는 거의 30년 전의 유머와 노래와 일상생활에 사용된 물건들을 그대로 복원했기 때문이었다. 사람들은 생각보다 훨씬 더 정확하게 그것들을 기억하고 있었다.

성경도 마찬가지다. 객관적이고 역사적인 상황에 비추어 볼 때, 복음서가 기록되던 당시는 예수님에 관해서 함부로 거짓말을 할 수 있는 시기가 아니었다. 그런데도 성경은 예수님의 기적이나 부활을 너무나 자랑스럽고 확신 있게 기록하고 있다. 이것은 성경의 기록이 사실이라는 정황적 증거가 된다. 법정에서도 여러 명의 증인들이 처음부터 끝까지 일관되게 구체적으로 진술하면 그 진술은 중요한 정황적 증거가 될 수 있다. 마찬가지다. 믿음 역시 그 객관적인 증거를 있는 그대로 받아들이는 것이다.

믿음의 객관성

언젠가 '예수'라는 이름이 적힌 무덤 하나가 발견되었다. 뉴스에도 나왔던 것으로 기억한다. 그 속에는 유골도 있었다. 혹자는 '그 무덤이 정말 예수의 무덤이 아닌가?' 하고 의심하기도 했다. 그러나 나는 그렇지 않다고 확신했다. 그 이유는 내가 고고학자이기 때문이 아니라 지극히 상식적인 판단이었다. 그 무덤이 정말 예수 그리스도의 무덤이 맞다면 당시 로마 당국자들이나 유대 권력자들이 그 호재를 절대로 가만두지 않았을 것이다. 이미 그 시체를 꺼내 모든 사람이 볼 수 있도록 전시했을 것이다. 그래서 아무도 죽은 사람이 부활했다는 허무맹랑한 말을 하지 못하도록 막았을 것이다.[29]

그러나 그들은 그렇게 하지 못했다. 실제로 예수의 시체를 어디에서도 찾을 수 없었기 때문이었다. 예수님의 제자들을 잡아서 고문해도 그들이 원하는 답을 얻을 수 없었다. 그것은 제자들이 정말 부활하신 예수님을 만났기 때문이었다. 예수님이 정말 부활하셨다면 그분은 죽음을 이긴 것이고, 그분이 죽음을 이겼다면 하나님의 아들이 맞는 것이고, 그분이 하나님의 아들이라면 그분의 말씀은 모든 인류에게 희망이 된다.

영국의 저널리스트였던 프랭크 모리슨(Frank Morison, 본명 Albert Henry Ross)은《누가 돌을 옮겼는가?》(생명의말씀사, 2000)라는 책을 썼다. 그 책의 1장 제목은 "집필되지 못한 책"으로 이렇게 시작된다.

> "대개의 저술가들은 자신이 어떤 책을 쓰려고 하다가 완성하지 못한 채 원고를 은밀하게 서랍 속에 감춰 놓았다가, 이런저런 이유로 영원히 빛을 보지 못하게 하곤 했던 경험을 가지고 있을 것이다. 이때에 그의 집필을 중단시키는 상습범은 대개 시간이다(시간이 없어서 결국에 책을 완성하지 못했다는 뜻이다). ⋯ 그러나 나의 경우는 그런 것과는 조금 다르다."[30]

모리슨은 예수님을 인격적으로 존경하기는 했지만 예수님의 기적은 믿지 않았다. 성경에 나오는 기적은 예수를 신화화하는 과정에서 생겨난 산물이라고 생각했다. 그는 그 사실을 증명하고 싶어서 책을 쓰기로 결심했었다. 그런데 모든 자료를 모아서 연구하다가 오히려 반대로 예수가 정말 부활한 것이 사실이라는 결론에 도달하게 되었다. 그래서 원래 자기가 쓰려고 했던 책은 '집필되지 못한 책'이 되고 말았다. 그 후에 그는 다시 책을 썼는데, 바로 《누가 돌을 옮겼는가?》였다. 누가 예수님의 무덤의 돌을 옮겨 놓았을까? 로마 당국일까? 유대의 바리새인들일까? 예수님의 제자들일까? 그렇게 하고 싶은 사람은 아무도 없었다는 것이다.

예수님의 제자들이 밤에 몰래 와서 돌을 옮겨 놓고 예수님의 시체를 빼내서 어느 산속에 묻어 두고 사람들에게 예수님이 부활하셨다고 외쳤다면, 전원이 다 비참하게 순교할 수는 없는 일이었다. 그것은 상식적으로 말이 안 된다. 왜냐하면 사람은 본능적으로 자기가 만들어 낸 거짓말에는 목숨을 걸지 않기 때문이다.

거짓말을 조사하기 원한다면 당시로서는 아주 간단한 방법이 있었다. 제자들을 잡아서 고문하면 되었다. 그럼 서로 다른 말이 나오기 마련이다. 실제로 많은 사람이 함께 거짓말을 지어내고 그 거짓말을 위해서 모두 배신하지 않고 끝까지 버티다 순교하기란 현실적으로 불가능한 일이다. 모리슨에 의하면, 예수님의 부활이 사실이기 때문에 그런 일이 가능했다는 것이다.[31]

찰스 콜슨은 닉슨 대통령의 특별 보좌관이었다. 대통령 집무실 바로 옆방이 그의 사무실이었다. 닉슨은 그를 매우 아꼈는데 기자들에게 이렇게 말했다고 한다. "사람들은 문제가 생기면 해결책을 말하지만, 그[콜슨]는 나가서 그 문제를 해결하고 돌아온다." 콜슨은 '대통령의 처리 담당'이라는 별명을 얻을 정도였다.[32] 그런 그가 나중에 '워터게이트 사건'에 연루되어 결국 감옥에 가게 되었고, 감옥에서 예수님을 제대로 만났다.

콜슨은 출소 후 일주일 만에 다시 감옥으로 돌아갔다. 이번에는 감옥 안에 있는 사람들을 섬기기 위해서였다. 그리고 교도소선교회를 시작해 전 세계를 다니면서 감옥에 갇혀 있는 사람들의 인권을 보호하고자 일평생 노력했다. 또한 예수님의 복음을 바르게 증거하는 많은 책을 저술했다. 나중에 템플턴 상도 수상했다. 그가 쓴 책 《러빙 갓》에 이런 내용이 나온다.

백악관에서 워터게이트 사건을 계획할 때 참모들은 거기에 자신들의 모든 것을 걸었다. 자신들의 삶과 경력과 인생을 걸고 서로 비밀을 지키기로 약속했다. 그런데 특별 검사가 조사를 시작한 지 2주 만에 한 사람도 예외 없이 모든 것을 자백하고 말았다. 왜냐하면 거짓된 비밀에는 힘이 없기 때문이다.

그런데 예수님의 제자들은, 예수님의 부활을 경험하지 못한 가룟 유다를 제외하고는 한 사람도 예외 없이 예수님의 부활을 증거하다가 순교했다. 어떻게 그럴 수 있었을까? 이 모든 의문을 풀 수 있는 결론은 한 가지뿐이다. 그들은 정말 예수님의 부활을 체험했던 것이다.

예수님이 하나님의 아들이라는 사실을 믿기 위해서 엄청난 과학적 지식이 필요하지는 않다. 이성적이고 상식적인 자세만 있으면 얼마든지 깨달을 수 있다. 예수님은 구약성경에서 오래전부터 예언한 메시아이시고, 하나님의 아들이시고, 사람들에게 죽음 이후의 삶에 대해서 바른 지식을 전해 주신 분이다. 믿음은 이처럼 객관적이고 단순한 사실을 인정하는 것으로부터 시작된다.

1. 사실을 사실대로 믿는 데 가장 큰 방해물은 편견이나 선입견입니다. 만약 내가 예수님에 대한 선입견을 가지고 있었다면 그것은 무엇인가요?

2. 죽음 이후에 벌어질 일에 대해서 예수님이 예언하고 약속하신 것을 우리가 믿을 수 있는 이유는 무엇인가요?

3. 내가 만약 예수님의 부활이 사실이라는 것을 변증해야 한다면 무엇이라고 말할까요?

믿음은
무엇인가? (2)

인격적 신뢰

'믿음'이라는 단어 속에 또 다른 요소가 담겨 있다. 그것은 바로 믿음이란 상대방에 대한 "인격적인 신뢰"를 의미한다는 것이다.[33] 우리 일상생활에서도 믿음이라는 단어는 항상 관계를 의미하는 데 쓰인다. 아버지가 아들에게 "나는 너를 믿는다"라고 말할 때, 친구가 친구에게 "나는 너를 믿는다"라고 말할 때, 선생님이 사랑의 눈빛으로 학생들에게 "나는 너를 믿는다"라고 말할 때 모두 인격적 신뢰의 의미로 믿음이라는 단어를 사용한다.

어떤 의미에서 예수님을 믿지 않는 사람들이 믿음이라는 단어를 더 바르게 사용하는 것은 아닌지 생각해 볼 일이다. 우리는 오히려 믿음이라는 단어를 자기 확신을 강화하기 위한 종교적인 용어로 많이 사용하는 것 같다. 그러나 우리의 믿음은 언제나 사실을 사실대로 인정하는 수준에서 하나님에 대한 인격적인 신뢰의 수준으로 성숙해야 한다.

예전에 "예수 천당, 불신 지옥"이라고 크게 써 붙인 빨간색 조끼를 입고, 큰 성경책을 들고, 어깨에는 확성기를 메고, 번화한 사거리에서 큰 소리로 "예수 천당, 불신 지옥!"이라고 외치는 분을 본 적이 있다. 어떤 때는 지나가던 사람들이 그 소리에 깜짝 놀라기도 했다. 나는 그런 분을 볼 때마다 두 가지 감정을 동시에 느꼈다. 하나는 부러움이었고, 다른 하나는 답답함이었다.

솔직히 용기가 부러웠다. 나는 대중교통을 이용할 때 옆 사람에게 교회 다니시냐는 말을 꺼내기조차 힘들어했다. 그러나 그분은 전혀 부끄러움 없이 큰 길가에 서서 "예수 천당!"이라고 목청껏 외쳤다. 자세히 물어보지는 않았지만 아마 그 마음속에 '사람들이 예수 믿지 않으면 지옥 간다. 모든 사람이 예수 믿고 천국 가야 한다'는 간절함이 있었던 것 같다.

그럼에도 불구하고 나는 다른 한편으로 답답함을 느꼈다. 그런 식으로 앞뒤 다 자르고 "예수 천당!"이라고 외치면 그것을 듣는 사람들이 과연 기독교를 어떻게 생각할까? 혹시 기독교를 천당을 바겐세일 하는 종교로 오해하지는 않을까? 무조건 "예수"라고 외치기만 하면 천당이 툭 하고 떨어지는 식으로, 마치 미신적인 주문이나 자동판매기처럼 오해하지는 않을까 하는 노파심이었다.

단순한 것은 좋은 것이다. 나 역시 단순한 것을 추구한다. 단순하게 말하고 단순하게 믿어 보려고 노력한다. 그러나 간혹 너무 단순한 것은 심각한 위험을 초래할 수 있다. 과정과 내용을 무시하는 오류를 범하게 되는 것이다. 복음도 마찬가지다.

물론 사도행전 2장 21절은 "누구든지 주의 이름을 부르는 자는 구원을 받으리라"라고 말한다. 그러나 우리가 한 가지 놓치는 것이 있다. 그것은 바로 그 당시 '주의 이름을 부르는 자'가 무엇을 의미하는지 깊이 생각하지 않는 것이다. 신약성경에서 '예수님의 이름을 부르는 사람'이란 자기 목숨을 걸고 예수님을 믿는 사람을 의미했다.

"여기서도 주의 이름을 부르는 모든 사람을 결박할 권한을 대제사장들에게서 받았나이다 하거늘"(행 9:14).

"듣는 사람이 다 놀라 말하되 이 사람이 예루살렘에서 이 이름을 부르는 사람을 멸하려던 자가 아니냐"(행 9:21).

이 구절들은 당시 '주의 이름을 부르는 자'가 받았던 엄청난 핍박을 암시하고 있다. 당시 '어떤 사람의 이름을 부른다'는 것은 '그 사람을 의지한다'는 뜻이었다. 그러므로 우리가 예수님의 이름을 부른다는 것은 어머니를 부르는 어린아이처럼 그분을 내 생명의 주인으로 굳게 신뢰한다는 뜻이다. 예수님은 오히려 입으로만 "주여, 주여" 한다고 해서 구원받을 수 없다고 단호하게 말씀하셨다(마 7:21).

한국에 처음 기독교가 들어왔을 때 "예수 천당, 불신 지옥"이라는 구호는 신선하게 느껴졌을 수 있다. 그러나 지금은 상황이 다르다. 그러한 구호는 오히려 복음의 진정한 가치를 희석시킬 수 있다. 또한 사람들로 하여금 믿음의 목적이 오직 천국에 가는 것이라고 오해하게 만들 수 있다. 그렇지 않다. 믿음의 진정한 목적은 하나님을 사랑하는 것이다.

믿음과 사랑

구약성경에는 수많은 인물이 등장한다. 내가 처음 신학 공부를 할 때 계속 마음속에 가졌던 질문이 있었다. '구약성경에 나오는 많은 사람은 어떻게 구원을 받았을까?'라는 것이었다. 사람들이 구약의 성도들은 오실 그리스도를 믿고 구원받고, 신약의 성도들은 오신 그리스도를 믿고 구원받는다고 말하기도 한다. 그런데 정말일까? 나는 조금 다른 생각을 했다. '구약성경에 나오는 사람들 중에 몇 명이나 오실 그리스도를 바르게 깨달았을까? 물론 영적으로 깨어 있는 사람들은 하나님이 그리스도를 보내 주실 것을 믿었겠지만, 그 사실을 제대로 알지 못하는 사람들이 많았을 텐데.'

예를 들어, 다윗은 정말 영적으로 탁월한 사람이니까 오실 그리스도를 미리 깨달을 수 있었겠지만, 다윗의 많은 형제들은 어떠한가? 또 사무엘은 영적으로 훌륭한 사람이니까 오실 그리스도를 깨달았다고 할 수 있지만, 그 형제들은 어떠한가? 오실 그리스도를 제대로 알지 못해서 모두 지옥에 갔을까? '구약의 인물들이 구원받을 수 있는 길'과 '신약의 성도들이 구원받을 수 있는 길' 사이에 공통된 근거가 있다면 그것은 무엇일까?

오랫동안 고민하다가 나름대로 결론을 내렸다. 이것이 잘못된 생각이면 하나님이 고쳐 주시기를 바랄 뿐이다. 내가 내린 결론은 바로 '하나님을 사랑하는 것'이다. 예수님이 우리에게 주어진 가장 큰 계명은 마음과 뜻과 정성을 다해서 하나님 아버지를 사랑하는 것이라고 말씀하셨듯이, 하나님을 바르게 사랑한 사람은 모두 구원받았을 것이라고 생각한다.

구약의 성도들은 하나님이 주신 말씀과 율법을 통해서 하나님을 사랑했고, 신약의 성도들은 예수님을 통해서 하나님을 사랑한다. 오늘날 우리가 훨씬 더 쉽고 정확하다. 왜냐하면 하나님의 아들이신 예수님이 직접 이 땅에 오셔서 율법의 진정한 뜻을 풀어 주셨고, 하나님이 어떤 분이신지 가르쳐 주셨고, 또 십자가에서 친히 그 사랑을 보여 주셨기 때문이다. 그래서 이제는 누구든지 예수님을 바르게 믿고 영접하면 아무런 오해 없이 하나님과 사랑의 관계를 맺을 수 있게 되었다.

물론 여기에 질문이 있을 수 있다. "그럼 예수님 없이도 하나님을 사랑하기만 하면 구원을 받는가?"라는 것이다. 이에 대한 대답은 의외로 간단하다. 하나님을 사랑하는 것이 예수님을 사랑하는 것이고, 예수님을 사랑하는 것이 하나님을 사랑하는 것이다. 왜냐하면 두 분은 하나이시기 때문이다.

"빌립아 내가 이렇게 오래 너희와 함께 있으되 네가 나를 알지 못하느냐 나를 본 자는 아버지를 보았거늘 어찌하여 아버지를 보이라 하느냐 내가 아버지 안에 거하고 아버지는 내 안에 계신 것을 네가 믿지 아니하느냐"(요 14:9-10).

"나를 사랑하는 자는 내 아버지께 사랑을 받을 것이요 나도 그를 사랑하여 그에게 나를 나타내리라"(요 14:21).

"아버지여, 아버지께서 내 안에, 내가 아버지 안에 있는 것같이 그들도 다 하나가 되어 우리 안에 있게 하사 세상으로 아버지께서 나를 보내신 것을 믿게 하옵소서"(요 17:21).

예수님은 반복적으로 자신과 하나님이 하나라는 것을 강조하셨다. 또 요한복음 5장에서는 예수님을 반대하는 사람들에게 그들이 "하나님을 사랑하지 않기 때문에 예수님을 믿지 않는 것이다"라고 정확하게 말씀하셨다(요 5:42). 역으로 말하면, 하나님을 바르게 사랑하면 예수님을 믿을 수밖에 없다는 뜻이다.

믿음과 사랑은 본질적으로 같은 것이다. 신뢰하기 때문에 사랑하는 것이고, 사랑하기 때문에 신뢰하는 것이다. 그러므로 언제나 믿음은 사랑으로 이어져야 한다. 우리의 믿음도 마찬가지다. 예수님에 대한 믿음은 반드시 하나님에 대한 사랑으로 귀결되어야 한다. 둘은 서로 같은 것이다.

믿음으로 믿음에 이르도록

신학 공부를 하다 보면 로마서와 야고보서가 서로 충돌한다는 것을 발견하게 된다. 로마서는 믿음을 강조하고 '행위로는 구원받을 수 없다'고 분명하게 말한다. 반면에 야고보서는 '행함이 없는 믿음은 죽은 것'이라고 말한다(약 2:17-18). 어찌 보면 서로 모순되는 수수께끼처럼 느껴진다. 그러나 사실 그렇게 복잡하지 않다. 둘 다 오직 사랑 안에서 제대로 설명된다. 사랑은 '믿음이 바로 행함'이라는 것을 가장 잘 표현하는 단어다. 사랑하는 사람은 상대방을 신뢰하고 상대를 위한 행동을 주저하지 않는다. 그러므로 사랑 안에서 믿음과 행함은 전혀 충돌하지 않는다.

부모가 아무리 잔소리를 해도 제대로 씻지 않던 아이가 어느 날 좋아하는 이성 친구가 생기면 열심히 씻고 향수를 뿌린다. 자신만을 위해서 살던 이기적인 여인도 아이를 낳으면 지극히 이타적인 사람으로 변한다. 아이를 위해서 자신의 모든 것을 희생한다. 이렇게 사랑은 행동을 수반한다.

사도 바울은 로마서 1장 17절에서 "믿음으로 믿음에 이른다"라고 말했다. 약간 이상하게 느껴지는 문장이다. 왜 '믿음에 이른다'라고 하면 될 것을 '믿음으로 믿음에 이른다'라고 했을까? 그래서 '사랑으로 사랑에 이른다', '학문으로 학문에 이른다' 등 비슷한 표현들을 생각해 보았다. 결국 더 깊어지고 완성된다는 뜻이다. 사랑으로 더 깊은 사랑을 완성하고, 학문으로 더 깊은 학문의 경지에 다다른다는 뜻이다.

믿음도 마찬가지다. 로마서 1장 17절에서 바울은 믿음이라는 단어를 두 가지 의미로 사용했다. 전자의 믿음은 단순히 복음의 사실을 있는 그대로 받아들이는 것이고, 후자의 믿음은 하나님과 올바른 사랑의 관계를 맺게 되는 것을 의미한다. 현대인의성경은 이를 조금 더 쉽게 표현하고 있다. "이 기쁜 소식에는 오직 믿음으로만 하나님과 올바른 관계를 갖게 된다는 것이 나타나 있습니다"(롬 1:17, 현대인의성경).

많은 사람이 로마서에서 말하는 믿음을 '자기 확신'으로 착각한다. 그러나 로마서에서 말하는 믿음은 자기 확신이 아니라 '하나님과의 올바른 사랑의 관계'를 의미한다. 그래서 사도 바울은 로마서 앞부분에서는 '사랑'이라는 단어를 거의 사용하지 않고 '오직 믿음으로 구원받는 원리'에 대해서만 말하다가 5장 8절에서 비로소 '예수님이 죄인인 우리를 위해서 죽어 주신 이유가 바로 하나님의 사랑을 확증하시기 위함'이었다고 말한다. 그리고 이때부터 계속 하나님과의 관계를 의미하는 '화목', '은혜', '연합', '아들의 영'이라는 개념을 설명하고 8장 마지막에서는 마치 교향악의 피날레처럼 하나님 사랑을 목청껏 외쳤다. "내가 확신하노니 사망이나 생명이나 천사들이나 권세자들이나 현재 일이나 장래 일이나 능력이나 높음이나 깊음이나 다른 어떤 피조물이라도 우리를 우리 주 그리스도 예수 안에 있는 하나님의 사랑에서 끊을 수 없으리라"(롬 8:38-39).

그러므로 로마서에서 말하는 구원은 우리의 신앙이 예수님을 믿는 믿음으로 시작해서 하나님을 향한 사랑으로 성숙되어 가는 과정을 의미한다. 예수님을 향한 바른 믿음은 반드시 하나님을 향한 뜨거운 사랑으로 귀결된다. 그것은 자기 확신이 아니다. 자기 확신은 그 확신의 근거가 자기 자신에게 있지만 상대를 신뢰하는 확신은 그 근거가 상대방에게 있다.

다시 말해서, 내가 누구냐에 따라서 내 운명이 결정되는 것이 아니라 상대방이 누구냐에 따라서 내 운명이 결정되는 것이다. 이는 비행기를 타면 비행기 조종사에게 내 생명을 맡기는 것과 마찬가지다. 인격적인 신뢰는 내 운명을 상대방에게 맡기는 것이다. 그분이 바로 예수님이시다. 비행기 조종사에게 내 생명을 맡기는 것은 목적지에 가야 하기 때문에 어쩔 수 없이 하는 것이지만, 예수님께 내 생명을 맡기는 것은 그분을 사랑하기 때문에 하는 것이다. 천국에 가야 하기 때문에 어쩔 수 없이 하는 것이 아니다.

그러므로 사도 바울과 사도 야고보의 가르침은 "하나님을 사랑하라"라는 예수님의 말씀 안에서 서로 충돌하지 않고 완성된다. 왜냐하면 우리가 가진 믿음은 하나님을 내 마음을 다해 신뢰하는 것이고, 우리가 받은 구원은 단순히 천국행 티켓이 아니라 하나님과의 친밀한 사랑의 관계를 의미하기 때문이다.

1. 단순히 사실을 받아들이는 믿음은 계속되는 신앙생활을 통해서 어떤 믿음으로 성숙되어야 하나요?

2. 성숙한 믿음은 상대방에 대한 인격적 신뢰이기 때문에 사랑과 본질적으로 같은 것입니다. 그러므로 어떤 의미에서 '믿음으로 구원받는다'는 말은 믿음으로 하나님과 어떤 관계가 된다는 뜻인가요?

3. 예수님(하나님)에 대한 사랑은 어떻게 표현될 수 있을까요?

소망

소망, 하나님에 대한 확신

믿음과 확신은 상당히 비슷한 부분이 많다. 믿음 속에는 분명히 확신이라는 요소가 담겨 있다. 왜냐하면 확신이라는 것은 기본적으로 마음속에 믿는 구석이 있을 때 생기는 감정이기 때문이다. 그런데 문제는 확신의 대상이다.

예를 들어 보자. A은행과 B은행이 있었다. 겉으로는 비슷해 보이지만 속은 달랐다. A은행은 재무 구조가 튼튼한 은행이었고, B은행은 부실한 은행이었다. 결국 B은행은 부도가 나서 예금주들이 많은 돈을 잃었다. 무엇이 문제였을까? 돈을 맡긴 행위가 문제였을까, 아니면 돈을 맡은 은행이 문제였을까? 돈을 맡은 은행이 훨씬 더 큰 문제다. 오늘 우리도 마찬가지다. 우리에게 있는 확신도 중요하지만 그 확신의 대상이 누구인지가 훨씬 더 중요하다. 아주 쉽게 표현해서, 그 대상이 자신이면 자기 확신이 되는 것이고, 그 대상이 하나님이시면 바른 믿음이 되는 것이다.

많은 사람이 자기 자신을 믿으며 살아간다. 그러나 우리는 자신의 생명이 끝나는 날도 알지 못하고 또 그것을 전혀 마음대로 조종할 수도 없는 나약한 존재다. 실제로 우리는 자신의 미래에 대해서 100% 확신할 수 있는 정보를 단 하나도 가지고 있지 않다. 미래에 대해서 우리가 가진 가장 확실한 정보는 '언젠가는 반드시 죽는다는 것'뿐이다.

만약 내가 의사와 3일 후에 만나기로 약속했다면 최소한 3일 후 그날 그 시간에 의사가 병원에서 나를 기다리고 있을 것은 확신할 수 있다. 비록 100% 믿을 수는 없지만 그래도 상대방에 대한 나름대로의 신뢰가 있기 때문에 약속 장소로 나간다. 이렇게 믿음이라는 것은 기본적으로 미래에 대한 확신으로 표현된다.

히브리서 기자는 히브리서 11장 1절에서 "믿음은 바라는 것들의 실상이요 보이지 않는 것들의 증거"라고 했다. 아직 보이지 않고 손에 잡히지 않지만 미래를 확신할 수 있다는 것이다. 무엇을 근거로 확신할 수 있을까? 바로 그 확신의 대상이 되시는 분에 대한 신뢰다.

히브리서 11장에는 수많은 믿음의 선배가 기록되어 있다. 그래서 히브리서 11장에는 '믿음장'이라는 별명이 붙어 있다. 그런데 그들의 믿음은 복잡한 것이 아니었다. 단순히 미래에 대한 확신이었다. 그들은 하나님이 준비해 주신 '본향'을 바라보았다. "그들이 나온 바 본향을 생각하였더라면 돌아갈 기회가 있었으려니와 그들이 이제는 더 나은 본향을 사모하니 곧 하늘에 있는 것이라 이러므로 하나님이 그들의 하나님이라 일컬음 받으심을 부끄러워하지 아니하시고 그들을 위하여 한 성을 예비하셨느니라"(히 11:15-16).

히브리서 기자는 여기서 두 가지 본향에 대해서 말한다. 하나는 자기가 태어난 본향이고, 다른 하나는 하나님이 예비하신 본향이다. 그런데 믿음의 선배들은 자신들이 태어난 본향이 아니라 하나님이 예비하신 '더 나은 본향'을 바라보았다. 그래서 하나님은 그들을 부끄러워하지 않으셨다. '부끄러워하지 않는다'는 말은 자랑스러워한다는 것을 강조하는 반어법이다. 사도 바울이 로마서 1장 16절에서 "내가 복음을 부끄러워하지 아니하노니"라고 한 말과 같은 표현이다. 정리하면, '하나님은 하나님을 신뢰하기 때문에 미래에 대한 확신이 있는 사람을 자랑스러워하신다'는 뜻이다.

사무엘상에 등장하는 한나는 슬픔이 가득한 여인이었지만 엘리 제사장의 기도를 받고 더 이상 근심하지 않았다(삼상 1:18). 엘리 제사장은 영적으로 뛰어난 사람도 아니었다. 그럼에도 불구하고 그녀에게는 확신이 있었다. 엘리 제사장이 아니라 하나님을 신뢰했기 때문이다. 사사 시대에 기드온은 하나님이 주시는 사명을 받고 "여호와 살롬"(삿 6:24)이라고 고백했다. 살롬(שלום)은 '평화'라는 뜻이다. 아직 병사들을 모으지도 않았는데 그 마음속에 이미 확신이 있었던 것이다. 그것은 자기 자신이 아니라 전적으로 하나님을 향한 신뢰였다.

이것이 바로 성경이 말하는 '소망'이다. 하나님에 대한 확신이 견고할 때 생기는 감정이다. 그래서 믿음과 사랑이 하나이듯이 믿음과 소망도 하나다. 막연히 잘되기를 바라는 것이 아니라 인격적인 신뢰의 대상이 분명하기 때문에 생기는 마음의 확신이다. 우리는 모두 인생의 끝을 알고 있다. 그것은 바로 하나님 앞에 서는 것이다. 그것이 어떤 사람에게는 소망이지만, 어떤 사람에게는 두려움이다.

[실제로 십자군 원정을 떠났던 영국의 사자 왕 리처드 1세(Richard I)에게 있었던 일이지만 간략하게 '어떤 주인'이라고 표현하겠다.] 어떤 주인이 종들

에게 일을 맡기고 먼 여행을 떠났다. 떠나면서 절대 자신을 배반하면 안 된다고 경고했다. 그런데 떠나자마자 대부분의 종들이 주인을 배반했다. 그리고 얼마 후에 정말 돌아오지 않을 것 같던 주인이 갑자기 돌아왔다. 그때 주인은 당연히 심판을 해야 한다. 그리고 심판을 받는 사람들에게 적용될 기준은 그가 얼마나 부자냐, 얼마나 인격이 훌륭하냐, 얼마나 많이 배웠느냐 등이 될 수 없다. 오직 한 가지, 즉 주인을 배반했느냐, 배반하지 않았느냐로 모든 것이 판가름 난다. 그때 그들의 '믿음'(faith)이 '의'(righteousness)로 변하게 된다. 심판이라는 프리즘을 통과했기 때문이다.

사도 바울이 로마서에서 계속해서 강조하는 말이 바로 이것이다. "그러므로 사람이 의롭다 하심을 얻는 것은 율법의 행위에 있지 않고 믿음으로 되는 줄 우리가 인정하노라"(롬 3:28). "할례자도 믿음으로 말미암아 또한 무할례자도 믿음으로 말미암아 의롭다 하실 하나님은 한 분이시니라"(롬 3:30). 구원은 언제나 그 구원을 주시는 분의 입장에서 생각해야 한다. 그리고 하나님의 입장에서 오직 믿음이 구원의 근거가 되는 것은 너무나 당연한 일이다.

할리우드의 배우 중에 조지 클루니(George Clooney)가 하루는 자기가 아끼는 친구들 14명을 불러서 저녁 식사를 했다. 그리고 식사 후에 그들에게 각각 큼지막한 가방을 하나씩 주었다. 그 속에는 현금 100만 달러가 들어 있었다. 그는 친구들에게 이렇게 말하면서 그 돈을 받아 달라고 했다. "내가 LA에 처음 왔을 때 너희들이 나를 도와주었기 때문에 오늘 내가 있을 수 있었다. 내가 잠잘 곳이 없을 때 너희들이 소파에서 잠이라도 잘 수 있게 해 주었고, 먹을 것이 없을 때 너희들이 음식을 나누어 주었기 때문에 오늘 내가 있을 수 있었다." 심지어 그는 친구들이 내야 하는 증여세도 미리 냈다.

돈을 받은 친구들 중에는 부자도 있었지만 경제적으로 어려운 사람도 있었다. 그중에 거버라는 사람은 돈이 많아서 "나는 안 받아도 된다"고 거절했지만 크루니가 "네가 안 받으면 다른 친구들에게도 주지 않겠다"고 해서 어쩔 수 없이 14명이 똑같이 받았다. 그리고 거버는 자신의 돈을 어려운 이웃을 위해 기부했다.[34]

이 기사를 읽고 몇 가지 생각을 했다. 첫째, '왜 나는 그런 친구가 없을까?'라는 것이었다. 둘째, '지금 내 주변에 연약해 보이는 사람들에게 더 잘해야겠다. 미래는 알 수 없는 노릇이다'라는 것이었다. 그리고 마지막에 들었던 생각은 '혹시 조지 클루니가 친구들에게 했던 말을 내가 나중에 예수님께 들을 수 있을까?'라는 것이었다. 예수님은 마태복음 25장에서 이렇게 말씀하셨다. "내가 주릴 때에 너희가 먹을 것을 주었고 목마를 때에 마시게 하였고 나그네 되었을 때에 영접하였고 헐벗었을 때에 옷을 입혔고 병들었을 때에 돌보았고 옥에 갇혔을 때에 와서 보았느니라"(마 25:35-36). 인생을 다 마치고 주님 앞에 섰을 때 내가 과연 주님께 이런 말씀을 들을 수 있을까? 만약 그렇다면 얼마나 행복할까.

소망, 하나님 앞에 서는 것

사람들은 후회 없는 삶이란 그저 열심히 사는 것이라고 생각한다. 그래서 우리 모두는 오늘도 최선을 다해서 열심히 살려고 노력한다. 그러나 과연 그렇게 하면 무조건 후회 없는 삶을 살 수 있을까? 우리는 오히려 아주 열심히 살았음에도 불구하고 결국 자신의 인생을 정말 후회스러워하는 사람들을 종종 만나게 된다. 그러므로 진정으로 후회 없는 삶을 살기 원한다면 열심히 사는 것과 동시에 어떻게, 그리고 무엇을 위해서 살아야 하는지를 바르게 알아야 한다.

우리의 궁극적인 미래는 한 사람도 예외 없이 하나님 앞에서는 것이다. 만약에 그것을 제대로 준비하지 않는다면 그날에 이르러서 참으로 후회스러운 인생이 되고 말 것이다.

존경하는 목회자 중에 약간 말솜씨가 부족한 분이 있다. 그분은 가끔 말을 더듬기도 한다. 그런데 한번은 그분이 많은 후배 목사들 앞에서 이렇게 간증했다. "여러분, 우리가 교회를 얼마나 사랑합니까. 교회 건물을 꿈에서도 보고, 성도들을 꿈에서도 볼 때가 있지 않습니까? 저도 잠을 자다가 성도의 얼굴을 볼 때가 있습니다. 교회 건물 구석구석을 선명하게 기억하기도 합니다. 그런데 우리가 교회를 떠나면 그 성도들은 여러분을 다 잊을 것입니다. 아무도 기억하지 않고 언제 그랬냐는 듯이 새로운 목사님과 함께 즐겁게 신앙생활을 할 것입니다. 설마 하겠지만 그것이 현실이고 또 그렇게 하는 것이 맞습니다. 그러나 여러분, 예수님은 여러분을 기억해 주십니다. 지금 여러분이 흘리는 눈물과 기도를 기억해 주실 것입니다."

15분 정도 잠깐 이야기했는데 많은 후배 목사들이 함께 울었다. 나는 지금도 그 간증을 가슴에 새기면서 살려고 노력한다. 우리 인생의 꿈이 완성되는 날은 우리가 주님 앞에 서는 날이다. 그날이 소망이 될지, 두려움이 될지는 각자가 서로 다를 수 있다.

5년쯤 전에 아내의 몸에 이상한 것이 발견되었다. 병원에 가서 조직검사를 했는데 결과는 암이었다. 그런데 그날 암이라는 사실을 통보받고 나서 우리 부부는 저녁에 나가서 세 가정을 심방했다. 솔직히 심방할 기분은 아니었지만 그렇다고 집 안에만 있기에는 더 우울했다. 우리 둘 다 어차피 주님을 위해서 살다가 그분 앞에 서야 할 인생들인데 약속된 심방을 굳이 미룰 이유가 없었다.

성도의 모든 힘은 하나님과의 관계 안에 담겨 있다. 하나님과 관계가 깊어지면 내가 원하는 모든 소원이 다 이루어진다는 뜻이 아니다. 사실 그런 것들보다 훨씬 더 중요한 것이 있다. 그것은 바로 흔들리지 않는 하늘에 대한 소망이다. 그것이 바로 오늘 우리에게 닥친 수많은 문제 앞에서 일희일비하지 않게 해 주는 힘이 된다.

이민 목회를 할 때 2-3년 정도 공부하기 위해서 온 가정들을 심방하는 경우가 있었다. 그런 집에 가면 정말 살림이 단출했다. 꼭 필요한 가구만 몇 가지 있을 뿐이었다. 가난하기 때문이 아니라 조금 후에는 다시 한국으로 돌아갈 것이기 때문이었다. 신앙생활도 마찬가지다. 우리는 모두 머지않아 주님 앞에 서게 될 것이다. 그런데 지금 마치 이 세상에서 영원히 살 것처럼 행동하고 있는 것은 아닐까?

사도 바울은 분명히 "우리의 수고가 주 안에서 결코 헛되지 않다"라고 말했다(고전 15:58). 그 이유와 근거는 바로 '주 안에서'(in the Lord)다. 이것은 우리의 수고가 예수님 안에 있다는 뜻이고, 더 쉽게 말하면 예수님이 그 수고를 기억해 주신다는 뜻이다. 그때에 주님으로부터 "네가 섬겨 준 그 영혼이 바로 나였다. 네가 섬긴 교회가 바로 내 몸이었다"라는 음성을 들을 수 있다면 얼마나 좋을까.

감히 하나님과 관계를 맺을 수 없는 한 인간이 예수 그리스도의 보혈을 의지해서 하나님과 사랑의 관계를 시작하게 된 것, 그것이 바로 구원이다. 그래서 이 세상에서 그분과 교제할 뿐 아니라 더 깊은 사랑의 교제를 나누기 위해서 하나님 앞으로 가는 것, 그것이 바로 천국이다. 그러므로 소망도 역시 관계의 결과물이다. 히브리서 11장에 등장하는 믿음의 선배들이 가졌던 소망은 자기 확신이 아니었다. 그것은 사랑하는 분에 대한 그리움이었다. 그래서 하나님은 그들을 한없이 자랑스럽게 여기셨던 것이다.

1. 우리는 미래를 준비하는 삶을 살아야 합니다. 우리의 궁극적인 미래
   는 무엇인가요?

2. 왜 하나님은 히브리서 11장의 많은 믿음의 선배들을 자랑스럽게 여기
   셨나요?

3. 내 인생의 꿈은 무엇인가요? 그 꿈을 이룬다면 나중에 하나님께 그 꿈
   에 대해서 뭐라고 보고할까요?

관계의
성숙

11

하나님의 선행적 사랑을 받아들이기

요한복음 15장에서 예수님은 올바른 신앙생활의 비결을 아주 분명하게 말씀하셨다. 그것은 바로 '내가 그분 안에, 그분이 내 안에 거하시는 것'이다. 다시 말해서, 그분 안에 깊이 머물러 있는 것이다. 이것은 신앙생활의 모든 능력이 그분과의 관계 속에서 나온다는 뜻이다. 문제는 사람들이 그 관계를 얻기 위해서 엄청난 조건이 필요하다고 오해하는 것이다.

우리가 어떻게 부모님과 신뢰의 관계를 만들게 되었을까? 부모님의 일방적인 사랑을 받았기 때문이다. 우리가 아직 아무것도 알지 못할 때 우리를 위해서 무조건적인 사랑을 쏟아 주셨기 때문에 우리는 부모님을 신뢰할 수 있게 된 것이다.[35] 이렇게 신뢰라는 것은 언제나 선행적 사랑의 기초 위에 세워

진다. 우리 신앙생활도 마찬가지다. 하나님과 사랑의 관계를 시작하고 싶다면 먼저 그분의 선행적 사랑을 받아들여야 한다.

'행위가 아니라 오직 믿음으로 구원받는다'라는 것은 로마서의 핵심이다. 우리의 입장에서 이 핵심은 항상 듣는 말이기 때문에 당연하게 느껴지지만, 다른 종교나 철학을 가진 사람들에게는 너무나 이상한 사상이다. 지구상에 있는 그 어떤 종교도 이렇게 말하지 않는다. 구원을 얻기 위해서는 무엇인가 열심히 해야 한다고 가르친다. 치성을 드린다든지, 경전을 달달 외운다든지, 앉아서 참선을 오래 한다든지 등 여러 가지 행위가 있어야만 그 결과로 구원이 주어지는 것이라고 생각한다.

인도에서는 갠지스강에 자신을 바치면 구원을 얻는다고 생각해 물속에 뛰어들어 자살하는 사람들이 많았다. 예전에 인도의 남부 지역에서 몇 달 동안 선교 활동을 한 적이 있었다. 그때 윌리엄 캐리(William Carey) 선교사의 자서전을 읽었다. 캐리는 인도를 여행하다가 어떤 사람이 구원을 받기 위해서 스스로 거대한 돌 신상에 깔려 죽는 모습을 보았다. 즉시 그것을 막으려고 최선의 노력을 다했지만 혼자 힘으로는 불가능했다. 랄프 네이버(Ralph Neighbour)는 자신의 책에서 인도의 어떤 사람은 구원을 얻기 위해서 어린 아들의 다리를 잘라서 우상에게 바쳤다고 했다. 또 오늘날 과격 이슬람파에서는 자살 테러를 하면 구원을 받는다고 가르친다. 이처럼 세상의 모든 종교는 구원을 얻기 위해서 반드시 어떤 행위가 있어야 한다고 말한다.

그런데 유독 기독교만은 반대의 구원관을 가지고 있다. 구원을 얻기 위해서 절대로 어떤 행위가 있어서는 안 된다고 가르친다. 오히려 그렇게 말하는 것을 이단이라고 한다. 왜냐하면 구원의 조건이 되는 행위는 처음부터 불가능하기 때문이다. 그것은 마치 우주선이 아니라 자전거를 타고 달에 갈 수 있다고 생각하는 것과 마찬가지다. 달에 가려면 우주선을 타야 한다. 아무리 빠른 자동차도 소용없다. 마찬가지로 우리가 하나님과 관계를 맺는 비결은 오직 그분의 사랑을 받아들이는 것이다. 그 선행적 은혜가 우리의 마음을 열어 주는 것이다.

마태복음 20장에서 예수님은 재미있는 이야기를 해 주셨다. 포도원의 주인이 일꾼들에게 임금을 주면서 하루 종일 일한 사람과 1시간밖에 일하지 않은 사람에게 동일한 일당을 주었다. 당연히 오래 일한 사람이 불공평하다고 항의했다. 그때 주인의 대답이 아주 흥미롭다. "내 것을 가지고 내 뜻대로 할 것이 아니냐 내가 선하므로 네가 악하게 보느냐"(마 20:15). 주인의 대답은 쉽게 말해서 "내가 선을 베푼 것이 그렇게도 기분 나쁘냐?"라는 뜻이었다. 그러므로 이 비유의 핵심은 '구원은 권리가 아니라 오직 은혜로 주어지는 것'이라는 뜻이다.

하나님은 순전히 은혜로 우리를 구원해 주셨다. 왜냐하면 우리와 사랑의 관계를 맺고 싶으셨기 때문이다. 세상을 만드시고 인간을 창조하실 때부터 하나님의 목적은 우리와 사랑의 관계를 만드시는 것이었다. 그래서 요한일서에 "하나님은 사랑이시라"(요일 4:16)라고 기록되어 있다. 우리가 해야 할 일은 바로 그 사랑을 받아들이는 것뿐이다. 그런데 이때 제일 방해가 되는 것은 나 자신이다. 자기 자신을 믿고 살아온 사람, 자기 연약함을 인정하지 않는 사람, 자신의 죄악 된 본성을 직시하지 않는 사람은 그 사랑을 제대로 받아들이지 못한다.

위대한 사람들은 대부분 성공 가도만 달렸던 사람들이 아니라 많은 실패를 맛본 사람들이었다. 그들은 자신들의 연약함을 충분히 알고 있는 사람들이었다. 헨리 블랙커비(Henry Blackaby)는 《헨리 블랙커비의 영적 리더십》(두란노, 2014)이라는 책에서 이런 이야기를 들려준다. 일부 내용은 요약한 것이다.

"마틴 루터 킹 주니어는 아주 가까웠던 할머니가 돌아가시자 너무 충격이 심해 이층 창문에서 뛰어내렸다. … 에이브러햄

링컨은 자기 결혼식에 아버지 일가를 초대하지 않을 정도로 아버지와 정이 없었다. … 처칠의 아버지 랜돌프 경은 처칠이 머리가 좋지 않아서 판검사가 될 수 없다고 판단하고 그를 군대에 보냈다. … 해리 트루먼은 … 육군사관학교에 지원했다가 떨어지기도 했다. 너무 가난해 상원으로 선출된 후에도 공중보건소 치과를 찾아야 했고 선거 유세 때는 차 안에서 잠을 청했다. … 젊은 빌리 그레이엄은 면전에서 밥 존슨 대학교의 밥 존슨 총장으로부터 평생 아무 일도 하지 못할 실패자라는 선언을 들었다."[36]

지금 열거한 사람들은 모두 성공적인 인생을 살았다고 평가받는 이들이다. 그러나 한편으로는 누구보다도 강하게 인생의 실패를 맛본 사람들이었다.

우리 신앙생활도 마찬가지다. 내 힘으로 무엇이든지 할 수 있다고 생각하는 사람은 전적으로 하나님을 의지하지 않는다. 그래서 하나님과 사랑의 관계가 더 깊어지지 않는다. "그때에 예수께서 대답하여 이르시되 천지의 주재이신 아버지여 이것을 지혜롭고 슬기 있는 자들에게는 숨기시고 어린아이들에게는 나타내심을 감사하나이다"(마 11:25). 예수님의 이 말씀에서 '어린아이들'은 마음이 겸손한 사람들을 의미한다. 전적으로 하나님을 의지할 수밖에 없는 사람들이 하늘나라의 비밀을 더 빠르게 이해한다는 뜻이다. 자전거로는 절대로 달에 갈 수 없다는 것을 인정하고 우주선에 자신을 맡기는 것, 그것이 바로 하나님의 사랑을 받아들이는 바른 자세다.

하나님께 선택권을 드리기

그런데 이렇게 하나님과 바른 관계를 맺은 사람이 자연스럽게 보여 주는 특징이 하나 있다. 그것은 바로 하나님께 자신의 자유를 반납하는 것이다. 우리는 '하나님을 전적으로 의지한다'는 말을 막연하게 생각할 때가 많다. 예를 들어, 기도하면서 "하나님을 의지합니다. 하나님, 도와주세요"라고 하면 당연히 하나님을 의지한 것으로 생각한다. 아니다. 그것은 하나님을 의지하기는 했지만 전적으로 의지한 것은 아니다. 진정으로 하나님을 의지하는 것은 바로 그분께 선택권을 드리는 것이다. 야구에 비유한다면, 하나님은 구원 투수가 아니시다. 팀의 감독이시다. 그러므로 시작부터 끝까지 모든 것을 맡겨 드려야 한다. 그러기 위해서 우리는 먼저 하나님께 선택권을 드려야 한다.

언제나 인격적인 관계는 상대방에게 선택권을 주는 것으로 시작된다. 사람이 사물을 믿는 것이 가능할까? 어느 정도는 가능하다고 생각한다. 집에 가면 TV나 냉장고나 자동차가 있다. 우리는 어떤 면에서 그것들을 믿는다. "이 TV는 작동을 잘해. 믿을 만해. 이 자동차는 고장이 안 나. 아주 믿을 만해." 이렇게 말한다. 그러나 우리는 그것들에게 선택권을 주지는 않는다. "TV야, 오늘 기분이 좋으면 켜지고 기분이 나쁘면 안 켜져도 된다"라고 하지 않는다. 왜냐하면 인격적인 교제를 할 수 없는 존재이기 때문이다. 그러나 인격적인 교제의 대상에게는 'Yes'와 'No'를 선택할 수 있는 권한을 준다.

성경에서 하나님이 인간에게 완벽한 선택권을 주셨다는 증거가 바로 '선악과'다. 성경 공부를 인도하다 보면 "왜 하나님은 처음부터 선악과를 만들어서 아담과 하와가 타락하도록 내버려 두셨는가?"라는 질문을 많이 받게 된다. 대답은 간단하다. 하나님은 우리와 인격적인 관계를 맺기 원하셨기 때문이다. 하나님은 처음부터 우리를 로봇처럼 만들지 않으셨다. 나는 만약 에덴동산에 선악과가 없었다면 사람들이 "왜 하나님은 우리에게 선택권을 주지 않으셨느냐?"라고 불평했을 것이라고 생각한다.

하나님은 처음부터 아담과 하와에게 선택권을 주셨다. "이에덴동산에 있는 모든 것은 너희들이 먹을 수 있다. 그러나 선악과는 안 된다. 그것을 먹으면 너희가 반드시 죽을 것이다"라고 말씀하셨고, 그다음으로 중요한 것은, 그 선악과를 손도 대지 못하도록 철망으로 막아 놓지 않으셨다. 선택은 완전히 그들의 몫이었다. 다시 말해서, 하나님을 거부할 수 있는 자유까지 주신 것이다. 이것이 바로 인격적으로 상대방을 대우하는 모습이다.

구약성경에서 호세아와 고멜의 관계는 하나님과 우리의 관계를 가장 상징적으로 보여 주는 모델이다. 호세아는 육체적인 쾌락을 좇아 뛰쳐나간 고멜을 찾아서 그 몸값을 지불하고 집으로 데려왔다. 그런데 중요한 것은 호세아가 고멜을 철창에 가두거나 방 안에 묶어 놓지 않았다는 것이다. 고멜은 마음만 먹으면 언제든지 또 집을 나갈 수 있었다. 실제로 고멜은 집을 나갔다. 그러나 호세아는 포기하지 않고 다시 가서 고멜을 찾아왔다(호 3:1).

이것이 진정한 의미의 인격적인 신뢰다. 왜냐하면 끝까지 상대방의 선택권을 존중해 주는 것이기 때문이다. 하나님 아버지께서 우리를 그렇게 대해 주셨다. 그분이 우리를 끝까지 믿어 주시고 기다려 주셨기 때문에 오늘 우리가 신앙의 자리에 서 있는 것이다. 그러므로 오늘 우리도 동일하게 하나님께 'Yes'와 'No'의 선택권을 드려야 한다. 그것이 바로 그분과 바른 사랑의 관계가 더욱 성숙될 수 있는 비결이다.

다음은 《내려놓음》의 저자 이용규 선교사가 자신의 블로그에 올린 글이다.

"하버드 출신자의 몽골행에 관한 이야기는 내가 말하고 싶었던 알맹이라기보다는 껍질에 불과한 것이다. 즉 그것은 내용을 담기 위한 그릇이지 그 속에 담긴 보화는 아니라고 생각한다. 실은 선교사로 부름을 받아 가더라도 선교사 안에 쥐고 있는 것들이 있을 수 있다. 선교사가 되기 위해 다른 많은 것을 내려놓았기 때문에 더 집착하는 무엇인가가 있다는 것이다. 그래서 안타깝게도 많은 경우 오히려 사역 자체와 사역의 열매에 집착하는 모습으로 드러나곤 한다. 사역이 나의 자존감을 확고하게 해 주고 내 자아를 살려 주는 것으로서 붙들고 있을 때가 있다. 그래서 뭔가 내려놓는 대신에 다른 것을 잡고 있는 것이다. 내가 궁극적으로 《내려놓음》 책을 통해 이야기하고 싶었던 것은 이런 것이었다."[37]

하나님께 자신의 모든 것을 내려놓는다는 것이 얼마나 어려운 일인지 잘 표현한 글이라고 생각했다.

우리는 갈라디아서 2장 20절을 읽을 때마다 그 내용의 심오

함에 압도당한다. "내가 그리스도와 함께 십자가에 못 박혔나니 그런즉 이제는 내가 사는 것이 아니요 오직 내 안에 그리스도께서 사시는 것이라 이제 내가 육체 가운데 사는 것은 나를 사랑하사 나를 위하여 자기 자신을 버리신 하나님의 아들을 믿는 믿음 안에서 사는 것이라"(갈 2:20). 그래서 '이것은 사도 바울에게는 가능한 일이지만 나 같은 사람에게는 불가능한 일'이라고 생각한다.

그러나 사실 핵심 원리는 그렇게 복잡하지 않다. 매 순간 하나님께 여쭈어보는 것이다. 'Yes'와 'No'의 선택권을 그분께 드리는 것이다. 에덴동산에서 받았던 자유를 그분께 반납하는 것이다. 그것이 그분과 동행하는 비결이다.

갈라디아서 2장 20절은 '내가 그리스도와 함께 죽었다'고 말한다. 그런데 실제로는 그리스도만 죽고 나는 살아 있을 때가 많다. 우리의 기도 가운데 정말 정직하게 "하나님, 어떻게 할까요?"라고 여쭈는 질문보다는 "하나님, 도와주세요"라는 내용이 훨씬 많다. 이미 결정하고 도움을 요청하는 것이다.

내가 외국에서 공부했던 신학교는 도서관이 제법 좋았다. 도서관에 들어가면 항상 시선을 끄는 큰 그림이 있었다. 그 그림을 처음 보았던 순간을 잊지 못한다. 산악인 한 사람이 점프

하면서 공중에 떠 있는 모습이었다. 뾰족한 손도끼 비슷한 것을 하나 들고 이쪽 절벽에서 저쪽 절벽으로 뛰는 장면을 유화로 그린 것이었다. 그 그림 밑에 아주 작게 제목이 적혀 있었다. 제목은 "Trust"(신뢰, 믿음)였다.

그 제목이 조금 이상하게 느껴져서 그림에 더 가까이 다가갔다. 자세히 보니 그 산악인은 허리에 가는 밧줄을 하나 매고 있었다. 그러니까 그 사람은 그 밧줄을 의지해 이쪽 절벽에서 저쪽 절벽으로 뛰는 것이었다. 그래서 제목이 "Trust"(신뢰, 믿음)였다. 우리 신앙생활이 어쩌면 그 그림과도 같다는 생각을 했다. 하나님을 신뢰하는 믿음으로 모험의 걸음을 내딛는 것이다.

우리의 인생에서 정말 완벽하게 그분을 의지했던 순간이 한 번이라도 있었을까? 하나님께 'Yes'와 'No'의 결정권을 100% 맡겨 드렸던 순간이 있었을까? 의외의 사실은 바로 그때 불안함이 아니라 평안함이 밀려온다는 것이다. 왜냐하면 그 순간에 하나님과 더 가까워졌기 때문이다. 그러므로 믿음의 성숙은 관계의 성숙을 의미한다.

믿음의 성숙

믿음은 선행적 사랑을 받아들임으로 시작된다. 그리고 그 믿음은 자신의 무력함을 인정하고 그분을 신뢰하는 것으로 성숙된다. 그 사람은 아담과 하와가 받았던 자유를 하나님께 반납하고 싶어진다. 처음에 하나님은 우리를 인격적으로 대우하셨기 때문에 우리에게 'Yes'와 'No'의 선택권을 주셨다. 그런데 신기한 것은 그분을 사랑할수록 우리도 그분처럼 행동하게 된다는 것이다. 나의 모든 선택권을 그분께 반납하기 원하게 된다.

많은 사람이 믿음의 성숙을 막연하게 생각한다. 종교적인 행위를 열심히 하는 것으로 오해한다. 그러나 진정한 믿음의 성숙은 순종하는 기쁨을 깨닫는 것이다. 때로 그것이 실패자로 낙인찍히는 일이라고 하더라도, 주님을 의지하고 그 말씀에 순종한 사람은 결과에 상관없이 하나님과의 관계가 깊어진다. 왜냐하면 하나님과의 관계는 자신의 무력함을 인정하는 것에서 시작해서 자신의 선택권을 하나님께 드리는 것으로 완성되기 때문이다. 물론 이 세상에 사는 동안 완벽한 완성은 없다. 그러나 계속되는 성숙은 가능하다. 그리고 그것이 우리가 일평생 추구해야 할 신앙생활의 목표다.

1. 하나님이 순전히 은혜(선행적 은혜)로 우리를 구원해 주신 이유는 무엇
    인가요?

2. 하나님은 우리에게 'Yes'와 'No'의 선택권을 주셨습니다. 하나님과 바
    른 사랑의 관계를 맺은 사람은 하나님과 비슷한 행동을 하게 됩니다.
    그것이 무엇인가요?

3. 하나님께 'Yes'와 'No'의 선택권을 (100%) 드렸을 때 불안함이 아니라
    평안함을 경험하게 되는 이유는 무엇인가요?

끌고 오라

12

구원의 주도권

사도 바울이 구원받은 사건은 개인적으로 나에게 많은 괴로움을 주었다. 그 이유는 나의 구원이 너무나 평범했기 때문이었다. 바울의 구원은 매우 극적이었다. 그는 예수님을 싫어했을 뿐만 아니라 예수 믿는 사람들을 심하게 핍박했다. 그럼에도 불구하고 예수님이 찾아오셔서 바울을 만나 주시고 강권적으로 구원해 주셨다. 그러니 구원의 전과 후가 너무나 분명하고 간증할 것도 많았다. 실제로 그는 선교하는 과정에서 자신이 구원받았던 사건을 종종 되풀이해서 간증했다.

어렸을 때 내가 다니던 교회는 1년에 두 번 부흥회를 했다. 부흥회 강사분들은 대개 자신이 과거에 얼마나 방탕했는지, 얼마나 나쁜 짓을 많이 했는지를 계속해서 이야기하다가 마지막에 그런 자신을 찾아와 주신 주님을 간증했다. '이것이야 말로 하나님이 살아 계신 증거'라고 외쳤다. 나는 그 간증을 듣고 은혜를 받았지만 한편으로는 고민도 되었다. '나는 왜 저런 간증이 없을까? 나는 정말 구원받은 것일까? 저런 간증을 하기 위해서라도 잠시 세상으로 나가야 하는 것일까?'

그런데 나중에 알고 보니까 나뿐만 아니라 상당히 많은 그리스도인들이 비슷한 고민을 하고 있었다. 신앙생활에는 반드시 극적인 체험이 있어야 한다고 오해하기도 하고, 또 그런 극적인 체험이 없기 때문에 자신의 구원 자체를 의심하게 되는 것이다.

그러나 이것은 구원의 주도권을 제대로 이해하지 못하기 때문에 생기는 착각이다. 많은 사람이 구원의 주도권이 자신에게 있다고 생각한다. 왜냐하면 스스로 믿기로 결정했기 때문이다. 그러나 성경은 계속해서 구원의 주도권이 우리에게 있지 않고 하나님께 있다고 가르쳐 준다. 그 이유가 무엇일까? '믿을 수 있는 마음을 주시는 분이 하나님'이시기 때문이다.

어떤 사람은 구원받을 때 엄청난 체험을 할 수 있다. 환상을 보거나 병이 낫거나 음성을 들을 수 있다. 그 사람은 당연히 "예수님이 강권적으로 나를 구원해 주셨다"라고 고백할 것이다. 만약에 그 사람에게 "구원에 있어서 인간의 역할은 어느 정도 될까요?"라고 묻는다면 "0%입니다. 구원은 순전히 100% 하나님의 은혜로 받는 것입니다"라고 대답할 것이다.

반대로 그런 경험이 전혀 없는 사람도 있을 수 있다. 아마도 그들은 "저는 교회에 제 발로 걸어 나왔는데요", "호기심에 교회나 한번 가 볼까 하고 왔습니다", "어린 시절에 초코파이 준다고 해서 나왔어요", "아내 손에 이끌려서 교회에 나왔어요"라고 말할 것이다. 이렇게 신앙생활을 시작한 사람은 "구원에 있어서 하나님의 역할은 몇 %나 될까요?"라고 물을 때 "나의 결단 50%, 하나님의 은혜 50%, 이렇게 합해져서 구원이 이루어진 것 아닐까요?"라고 대답할 수도 있다. 왜냐하면 자기 발로 스스로 교회에 나왔기 때문이다.

나는 목회자 가정에서 태어났다. 그래서 교회에서 자라나서 신앙생활을 자연스럽게 시작했고, 결국에는 신학교에 가서 목사가 되었다. 말을 배울 때부터 아버지는 나에게 "너는 사무엘처럼 기도해서 낳은 아들이다. 커서 목사가 되어야 한다. 나는 너를 하나님께 드렸다"라고 말씀하셨다. 그러므로 신학교를 다니면서 내가 가질 수 있는 의심은 이런 것이었다.

'나의 구원은 하나님이 아니라 부모님이 강권적으로 역사해서 이루어진 것이 아닐까? 내가 타 종교인의 자녀로 태어났다면 지금 타 종교 기관에 있을지 어떻게 아는가?' 쉽게 말해서, '구원이라는 것도 결국 상대적인 것 아닌가?'라는 질문이었다.

그런데 성경을 공부하다가 깜짝 놀랄 만한 구절을 보았다. 그것은 바로 사도행전 9장에서 예수님이 사울을 만나신 장면이었다. 예수님을 믿는 사람들을 잡으러 다메섹으로 가던 사울을 찾아오신 예수님은 "사울아 사울아 네가 어찌하여 나를 박해하느냐"(행 9:4)라고 물으셨다. 예수님은 사울에게 "너는 이름이 무엇이냐?"라고 묻지 않으셨다. 또 누가복음 19장에서 예수님은 삭개오에게도 "너는 누구냐?"라고 묻지 않으셨다. 먼저 그 이름을 부르셨다. "삭개오야 속히 내려오라 내가 오늘 네 집에 유하여야 하겠다"(눅 19:5).

예수님의 제자가 나다나엘이라는 사람을 소개하려고 할 때 예수님은 이미 그의 심성까지 알고 계셨다(요 1:47-49). 예수님은 또한 고린도에서 전도하다가 어려움을 당하던 사도 바울에게 나타나셔서 "두려워하지 말라 이 성에 내 백성이 많다"라고 말씀하셨다. 앞으로 구원받게 될 사람들이 많다는 뜻이었다(행 18:9-10). 전후 문맥으로 봤을 때 예수님은 이미 그들을 알고 계셨다고 추측할 수 있다.

어떤 원리로 그렇게 되는지는 모르겠다. 정확한 원리는 알 수 없지만 25년 넘게 목회 현장에 있으면서 나는 논리적으로 설명이 안 되는 부분이 있다는 것을 발견했다. 그것은 바로 예수님은 사람들을 미리 알고 계신다는 것이다. 그래서 그들을 부르시고 예수님을 믿게 하신다. 보통 '믿음으로 구원받는다'는 말을 많이 하지만, 실제로 깊이 따져 들어가면 믿음도 은혜다. 쉽게 말해서, 예수님이 믿을 수 있게 해 주시는 것이다.

그러므로 사도 바울처럼 극적인 경험을 했어도 100% 하나님의 은혜로 구원받은 것이고, 디모데처럼 평범하게 믿는 가정에서 태어났어도 100% 하나님의 은혜로 구원받은 것이다. 엄청난 체험이 있든지 없든지 상관없이 모든 구원은 하나님의 은혜로 된 것이다. 내가 아무리 타 종교인의 자녀로 태어났다고 하더라도 예수님이 나를 구원하기로 작정하시면 나는 반드시 예수님을 믿고 구원받을 수밖에 없다. 왜냐하면 그분이 나에게 믿을 만한 마음을 주시기 때문이다.

혹시 어린 시절에 초코파이 때문에 교회에 나오기 시작한 사람이 있다면 그 사람은 바르게 깨달아야 한다. 주님이 초코파이를 통해서 그를 부르신 것이다. 아내의 강한 권유를 못 이겨서 교회에 나온 사람은 하나님이 아내를 사용해 그를 부르신 것이다. 아내의 간절한 부탁을 끝까지 거절하지 않고 따라 나올 수 있는 마음을 주신 것이다. 어떤 의미에서 믿는 가정에서 태어나서 평범하게 신앙생활 한 사람이야말로 두말할 것도 없이 처음부터 하나님이 구원해 주시려고 그런 가정에 보내 주신 것이다.

하나님이 먼저 우리를 선택하셨다

구원의 주도권이 전적으로 하나님께 있는 이유는 바로 선택의 순서가 다르기 때문이다. 다시 말해서, 우리가 그분을 먼저 선택한 것이 아니라 그분이 먼저 우리를 선택해 주셨기 때문이다. '누가 먼저 선택했느냐?'는 굉장히 중요하다. 개인적인 이야기지만 나는 내가 먼저 아내를 선택했다. 나의 선택으로 우리의 결혼이 시작된 것이다. 물론 상황이 이렇게까지 될 줄은 몰랐다. 30년쯤 지나고 나니 주도권이 완전히 역전되고 말았다. 분명히 내가 먼저 선택을 했는데 왜 내가 선택을 당한 사람처럼 살고 있는지 헷갈릴 때가 많다.

혹시 이렇게 질문할 수 있다. "아무리 선택을 하는 쪽이 있어도 선택을 받아들이는 쪽이 거부하면 안 되는 것 아닌가요?" 물론 남녀 관계에서는 그렇다. 서로 동등한 관계에서는 오히려 나의 선택을 받아 준 상대방이 고마울 때가 많다. 그러나 남녀 사이처럼 서로 동등한 관계가 아니라 한쪽이 완전히 선택조차 할 수 없는 상황이라면 이야기가 달라진다.

예를 들어, 노예 해방이 있기 전에 흑인 노예들이 가득한 노예 시장에 힘없고 연약한 노예가 서 있다고 하자. 그런데 어떤 사람이 지나가다가 그 연약한 노예를 사서 "너는 이제부터 자유다" 하고 노예 문서를 불태워 버리고 자유인 증명서를 주었다. 그때 그 노예가 "내가 자유하게 된 것은 당신의 은혜 50%와 나의 선택 50%가 합해져서 완성된 것입니다"라고 말할 수 있을까? 그때는 "오직 100% 당신의 은혜입니다"라고 말할 수밖에 없다.

우리가 하나님의 선택하심과 인간의 자유의지 사이에서 헷갈리는 이유는 하나님과의 관계가 동등하다고 착각하기 때문이다. 우리와 하나님은 그런 관계가 아니다. 하나님이 먼저 우리를 선택해 주지 않으시면 우리는 감히 그분을 선택할 수 없는 존재였다. 새찬송가 90장 "주 예수 내가 알기 전" 1절은 이렇게 노래한다.

주 예수 내가 알기 전 날 먼저 사랑했네

그 크신 사랑 나타나 내 영혼 거듭났네

주 내 맘에 늘 계시고 나 주의 안에 있어

저 포도 비유 같으니 참 좋은 나의 친구

구원에 관한 수많은 내용이 어떻게 이토록 짧은 가사 속에 잘 녹아 있을 수 있는지 참 신비롭게 느껴진다.

사도 바울은 로마서 5장 8절에서 "우리가 아직 죄인 되었을 때에 그리스도께서 우리를 위하여 죽으심으로"라고 말했다. '죄인 되었을 때'라는 말은 우리가 죄에 물들어 있을 때, 다시 말해서, 전혀 스스로 예수님을 선택할 수 없을 때를 의미한다. 그때 주님이 찾아오신 것이다. 예수님은 요한복음 15장 16절에서 "너희가 나를 택한 것이 아니요 내가 너희를 택하여 세웠나니"라고 말씀하셨다.

성경은 한 번도 선택의 순서를 바꾸지 않는다. 일관되게 주님이 우리를 먼저 선택해 주시고 찾아오셨다고 증언하고 있다. 우리는 간혹 '이 세상에 수십억의 사람들이 있는데 그중에 한 사람인 나를 주님이 알고 계실까?'라고 생각할 수 있다. 그러나 그것은 착각이다.

불과 30년 전만 하더라도 사람들은 일대일 커뮤니케이션에만 익숙해 있었다. 그러나 오늘날에는 그렇지 않다. 일 대 다수와 일대일의 커뮤니케이션이 동시에 가능하다. 어떤 사람은 SNS를 통해서 팔로워(Follower)들을 100만 명 이상 거느리기도 한다. 그 사람이 자신의 SNS에 "안녕하세요" 하고 인사하면 100만 명이 동시에 본다. 지구 반대편에 있다고 할지라도 그들 중 누구든지 즉시 개인적인 커뮤니케이션이 가능하다.

그런데 하나님께 이런 의사소통 방법은 아주 초보적인 것이다. 그분은 동시에 7천억의 사람들과도 개인적으로 대화하실 수 있다. 그러므로 주님은 우리 모두의 이름을 이미 알고 계신다. 그리고 먼저 찾아와 주셨다. 믿을 만한 마음을 주시고 구원하셔서 사랑의 교제를 시작하셨다. 그래서 사도 바울은 구원에 대한 예수님의 주권을 이렇게 표현했다. "주께서 사랑하시는 형제들아 우리가 항상 너희에 관하여 마땅히 하나님께 감사할 것은 하나님이 처음부터 너희를 택하사 성령의 거룩하게 하심과 진리를 믿음으로 구원을 받게 하심이니" (살후 2:13).

혹자는 "오늘날 복음이 사람들의 머리에만 머물러 있는 것이 문제다. 그것이 가슴으로 내려와야 한다"라며 개탄스러워한다. 다시 말해서, 알기는 아는데 행동을 하지 않는다는 뜻이다. 그런데 나는 조금 다르게 생각한다. 복음을 바르게 깨달은 사람은 반드시 삶이 변한다. 하나님이 주신 은혜를 제대로 깨닫고 삶이 변하지 않은 사람을 본 적이 없다. 사람들이 변하지 않는 이유는 복음이 머리에서 가슴으로 내려오지 않았기 때문이 아니라, 처음부터 복음을 제대로 깨닫지 못했기 때문이다. '나에게 베풀어 주신 하나님의 은혜가 얼마나 크고 귀한 것인지'를 바르게 이해하지 못했기 때문이다.

"모들린의 방에 혼자 있을 때, 일만 잠시 놓으면 그토록 피하고 싶어 했던 그분이 꾸준히, 한 치의 양보도 없이 다가오시는 것을 느껴야만 했다. 내가 너무나도 두려워했던 그 일이 마침내 일어나고야 말았다. 1929년 여름, 나는 드디어 항복했고, 그분이 바로 하나님이시라는 사실을 인정했으며, 무릎을 꿇고 기도했다.

… '끌고 오라'는 말은 악한 사람들이 너무 남용하기 때문에 듣기만 해도 몸서리가 쳐지는 말이다. 그러나 제대로 이해하기만 한다면, 이것이야말로 하나님의 자비를 느낄 수 있는 말

이 아닐 수 없다. 하나님의 준엄함은 인간의 온화함보다 따뜻하다. 그의 강요는 우리를 해방시키는 것이다."[38]

이것은 C. S. 루이스가 서른한 살이 넘어서 처음으로 예수님을 영접하면서 기록한 내용이다. 그는 옥스퍼드의 모들린 칼리지에서 교수로 있던 시절에 예수님을 영접했다. 그리고 《나니아 연대기》,《스크루테이프의 편지》,《순전한 기독교》, 《고통의 문제》,《인간 폐지》,《예기치 못한 기쁨》(이상 홍성사, 2018-2019)과 같은 책들을 썼다.

앞의 내용은 루이스의 자서전이라고 할 수 있는《예기치 못한 기쁨》에 나오는 내용이다. 나는 그 글을 읽으면서 한 인간을 포기하지 않고 찾아오시는 하나님을 느낄 수 있었다. 그의 표현대로 '끌고 오라'는 말은 하나님의 자비를 느낄 수 있는 단어이고, 하나님의 준엄함은 인간의 온화함보다 따뜻한 것이고, 그분의 강요는 우리를 해방시키는 것이다.

사도 바울은 에베소서에서 "모든 성도가 그리스도의 사랑의 너비와 길이와 높이와 깊이가 어떠한지를 깨달을 수 있게 되기를 바란다. (그렇게 되면) 하나님의 충만하심으로 충만하게 될 것이다"라고 말했다(엡 3:18-19). 우리가 "예수 믿고 구원받왔다"라고 쉽게 말하지만, 정말 그 구원이 어떤 것인지 제대로 알고 있는 것일까? 우리에게 주신 하나님의 은혜의 너비와 길이와 높이와 깊이를 바르게 깨달은 것일까?

우리가 받은 구원은 내가 스스로 선택한 것이 아니다. 내 이름을 알고 계시고, 태어난 순간부터 지금까지 나를 지켜보고 계신 하나님이 나를 불러 주신 사건이다. 그래서 실제로 나는 그 은혜를 저항할 방법이 없는 것이다.

1. 구원의 주도권이 전적으로 하나님께 있는 이유는 무엇인가요?

2. 믿음이 나의 선택이 아니고 하나님의 선물인 까닭은 무엇인가요?

3. 하나님이 먼저 다가와서 내 마음을 열어 주시는 것을 체험한 적이 있 었나요?

변하지 않는
관계

13

하나님의 아버지 되심은 변하지 않는다

사람이 한 번 제대로 구원을 받으면 중간에 구원을 잃을 수 있을까? 이것은 상당히 다루기 힘든 주제다. 왜냐하면 교단별로도 주장하는 바가 약간씩 다르기 때문이다. 그런데 이것이 헷갈리는 이유는 사실 간단하다. 구원을 신앙생활의 결과로 생각하기 때문이다. 만약 구원을 신앙생활의 결과물이 아니라 신앙생활 자체로 본다면 이야기가 달라진다.

구원의 본질은 어떤 혜택을 약속받는 것이 아니라 하나님과 새로운 관계로 들어가는 것을 의미한다. 즉 '아버지와 자녀'의 관계가 되는 것이다. 그럼 그 관계가 변할 수 있을까? 아버지와 자녀의 관계는 피로 맺어진 것이다. 그것은 변할 수 없다. 마찬가지로 하나님과 우리의 관계도 변하지 않는다.

우리가 산속에서 수십 년 동안 도를 닦고 마음이 완전히 깨끗하게 되었을 때 하나님이 우리를 택하신 것이 아니라, 진흙탕에서 뒹구는 더러운 죄인이었을 때 우리를 택하셨기 때문에 우리가 다시 넘어지고 실망스러운 행동을 해도 그분은 전혀 놀라지 않으신다. 원래 그런 줄 알고 시작하신 일이기 때문이다. 다만 하나님은 우리를 다시 일으켜 주시고 힘을 주셔서 제자리로 돌아오게 하실 뿐이다.

새롭게 예수님을 영접한 분들을 만나서 대화하다 보면 가끔 스스로를 신기하게 여기는 경우가 있다. 지금 자신의 모습이 너무 낯설다는 것이다. 자기는 절대로 교회 나올 사람이 아니고, 예수님을 믿는 것은 상상도 할 수 없는 사람이었다는 것이다. 참 흥미롭다. 스스로 결단해서 예수님을 믿었는데 아무리 생각해도 자기가 한 일이 아닌 것 같다니. 만약 이런 이야기를 예수님을 모르는 사람들이 듣는다면 제정신이 아니라고 할지도 모르겠다.

그런데 성경에는 이런 모습이 아주 당연한 것으로 표현되고 있다. 신약성경에 '그분이 우리를 택하셨다'라는 표현이 50회 정도 등장한다. 그러므로 한 사람이 예수님을 믿는 것은 참으로 신비로운 사건이다. 지극히 이성적이고 논리적인 사람이 갑자기 자기 자신이 죄인임을 인정하고 예수님께 용서를 구하는 것이 어떻게 신비로운 일이 아닐 수 있겠는가(엡 2:8-9 참고).

사도 바울은 예수님을 찾은 적도 없었고 구한 적도 없었다. 그런데 예수님이 오셔서 전적인 은혜로 구원해 주셨다. 베드로도 밤새도록 갈릴리 호수에서 실패를 거듭하고 있을 때 예수님이 먼저 찾아오셨다. 아브라함도 마찬가지였다. 하나님이 먼저 아브라함을 택하시고 부르셔서 복의 통로로 삼아 주셨다. 모세도 하나님이 먼저 찾아오셨고, 다윗도 하나님이 먼저 사무엘 선지자를 통해서 찾아오셨다.

'그래도 그들에게는 남다른 면이 있었기 때문에 하나님이 선택하신 것 아닐까?'라고 생각할 수 있다. 그러나 성경을 깊이 보면 그렇지 않다. 하나님은 연약한 사람들을 부르셔서 하나님의 사람으로 만드시고, 평범한 사람들을 사용하셔서 큰일을 이루셨다. 그렇기 때문에 그분이 하나님이시다.

오늘 우리도 마찬가지다. 부족한 것들이 너무 많다. 때로는 실수하고 죄도 짓는다. 그런데 그때마다 하나님이 우리를 버리신다면 우리 중에 과연 누가 죽을 때까지 구원을 유지할 수 있을까. 하나님이 끊임없이 우리를 용서해 주시고, 또 용기를 주시고, 일으켜 세워 주시기 때문에 우리가 다시 회복할 수 있는 것이다.

처음 유학 생활을 할 때 도착한 지 며칠 만에 은행에 가서 계좌를 개설했다. 그때 여직원이 1천 달러짜리 통장을 만들어 주었다. 그 통장 잔고를 1천 달러 이상 유지하면 카드 수수료를 내지 않아도 된다고 했다. 처음에는 좋아 보였지만 사실 유학 생활이 넉넉하지 못하기에 쉬운 일이 아니었다. 잔고가 1천 달러 밑으로 내려가서 한 달 동안 사용한 카드 수수료를 한꺼번에 낸 일도 있었다.

많은 사람이 구원을 이런 식으로 이해한다. 구원을 유지하려면 어느 정도 삶이 받쳐 주어야 한다고 생각한다. 하나님의 은혜 90%와 나의 결단 10%가 합해져서 구원이 된 것이라고 생각하고 그 10%를 유지하려고 노력하는 것이다. 그래서 신앙생활에 평안이 없다. 실제로 10%를 유지하기란 결코 쉽지 않기 때문이다. 그러나 구원이 100% 하나님의 은혜로 된 것이라면 우리는 안심할 수 있다. 마치 은행에서 ZBA(Zero Balance Account, 은행 잔고가 0원이어도 사라지거나 벌금이 없는 계좌)를 만들어 준 것과 마찬가지다.

목회를 하다 보면 가끔 침례(세례) 받기를 주저하는 분들이 있다. 만약 믿음이 없다면 이해되는 일이다. 그러나 실제로 예수님을 확실히 믿는데도 불구하고 침례 받기를 주저하는 경우가 있다. 그 이유를 자세히 살펴보면 대개 이런 고민이 깔려 있었다. '내가 침례를 받으면 침례 받은 사람답게 살아야 할 텐데 과연 그럴 수 있을까?'

그러면 나는 이렇게 질문한다. "형제님(자매님), 지금 침례를 받을까 말까 망설이는 이 자리에 어떻게 이르게 되셨습니까?" 그러면 이런 답변이 돌아온다. "저도 제가 이런 고민을 하리라고는 전혀 생각지도 못했습니다. '예수님'의 '예' 자도 모르고 살았는데, 하나님이 인도해 주신 것 같습니다." 그때 나는 이렇게 권면한다. "맞습니다. 하나님이 인도해 주셨습니다. 그래서 이 자리까지 왔습니다. 그렇다면 무엇을 더 두려워하십니까? 침례 받은 이후의 삶 역시 하나님이 인도해 주실 것입니다."

내가 지금 이 자리에 있는 것은 우연히 된 것이 아니다. 100% 하나님의 은혜로 된 것이다. 그러므로 우리가 할 일은 그 사실을 바르게 깨닫고 감사하는 것뿐이다. 그리고 하나님께 우리의 삶을 맡겨 드리는 것이다.

많은 사람이 '어느 정도 삶이 받쳐 주어야지, 내가 이렇게 부족한데 어떻게 구원받았다고 할 수 있겠는가?'라고 생각한다. 그런데 이것은 모두 자기중심적인 태도다. 크게 본다면 심지어 내 죄도 하나님이 주시는 무조건적인 사랑을 방해하지 못한다. 우리는 구원을 잃어버릴까 봐 불안해하는 삶이 아니라 그 은혜에 감사하는 삶을 살아야 한다. 그렇지 않다면 예수님이 십자가에서 피를 흘리실 필요가 없었다. 그분이 이루신 구원을 나의 게으름이 취소시킬 수 있다면 그분이 헛수고를 하셨다는 뜻인가? 예수님은 나에게 구원을 주시는 분이지, 구원의 가능성을 주시는 분이 아니다.

하나님은 우리를 결코 포기하지 않으신다

'구원은 100% 하나님의 은혜로 되는 것'이라는 말에 대해서 가장 많은 오해는 '그럼 일단 구원받은 사람은 마음대로 살아도 된다는 말인가?'라는 것이다. 만약 그렇게 생각하는 사람이 있다면 그는 두 가지 중요한 진리를 아직 이해하지 못한 것이라고 할 수 있다. 첫째는 구원 자체가 하나님과의 계속적인 관계를 의미하는 것이고, 둘째는 구원받은 사람은 그때부터 마음속에 성령님을 모시고 살게 된다는 것이다.

구원받은 사람은 계속해서 성령님의 인도하심을 받게 된다. 그 사람은 전에는 죄가 아니라고 생각했던 것들이 죄로 느꺼지기 시작하고, 전에는 자기 속에 존재하지 않았던 거룩에 대한 소원이 움트기 시작한다. 물론 부족하고 넘어질 때도 있지만, 그럼에도 불구하고 계속해서 나를 권면하시는 성령님의 음성을 느끼기 시작하는 것이다. 그러므로 정말 구원받은 사람은 마음대로 살지 않는다. 하나님과의 관계가 끊어질까 걱정하지도 않는다. 다만, 아무리 도망쳐도 포기하지 않고 쫓아오시는 하나님을 느낄 뿐이다.

나는 목사의 가정에서 태어났다. 아버지는 침례교 목사였다. 그래서 교회 뒷마당에 가면 큰 침례탕이 있었다. 1년에 한두 차례 거기에 물을 담아 놓고 침례식을 했다. 내가 초등학생이었을 때, 한번은 침례식을 하는 날이었다. 그런데 사람들이 계속 웃는 것이었다. 왜냐하면 침례 받은 사람이 물에서 나올 때 으레 아주 초라한 모습이 되기 때문이었다. 한쪽에서는 찬송을 부르고, 한쪽에서는 키득거리는 장면이 계속 연출되고 있었다. 나 역시 물에서 나오는 사람들을 보면서 웃고 있었다.

그런데 그때 갑자기 내 옆에 있던 어머니의 찬송가 위로 굵은 물방울이 뚝뚝 떨어졌다. 어머니를 올려다보았다. 어머니는 울고 계셨다. 나는 놀라서 물었다. "엄마, 왜 울어?" 그때 어머니는 "몰라. 나는 이 찬송만 부르면 자꾸 눈물이 나와…"라고 하셨다. 그 찬송은 새찬송가 250장이었다. 우리 교회는 침례식 때 항상 이 찬송을 불렀다.

> 구주의 십자가 보혈로
> 죄 씻음 받기를 원하네
> 내 죄를 씻으신 주 이름 찬송합시다
> 찬송합시다 찬송합시다
> 내 죄를 씻으신 주 이름 찬송합시다(1절)

만약 죽어서 주님 앞에 갈 때 단 한 번 찬송을 부를 기회가 있다면 나는 이 찬송을 부를 것이다.

> 내 주께 회개한 영혼은
> 생명수 가운데 젖었네
> 흠 없고 순전한 주 이름 찬송합시다
> 찬송합시다 찬송합시다
> 내 죄를 씻으신 주 이름 찬송합시다(4절)

우리가 예수님을 만나고 하나님의 자녀가 된 것은 결코 우연히 된 일이 아니다. 우리의 노력으로 된 일도 아니고, 우리의 똑똑함으로 된 일도 아니다. 오직 하나님이 우리를 택하시고, 다가와 주시고, 사랑해 주셨기 때문에 가능한 일이다. 그래서 그 관계는 변하지 않는다. 그리고 우리가 하나님께 예배드리는 자리에 있는 것도 하나님이 지금도 우리를 포기하지 않고 붙잡아 주시기 때문이다. 앞으로도 하나님은 우리를 절대 놓지 않으실 것이다.

하루는 새벽에 꿈을 꾸었다. 길을 가는데 누군가 나타나서 아버지가 목회하시는 교회를 찾아가라고 말해 주었다. 사실 아버지는 이미 은퇴하신 지 오래되었고, 지금은 시골에서 90세가 넘는 고령으로 10년 넘게 치매로 고생하시는 어머니를 간호하고 계신다. 그런데 그런 아버지가 아직도 목회를 하신단 말인가라는 생각을 했다. 그 생각을 하면서도 이상하게 발걸음은 그 교회를 찾아가고 있었다.

예배당에 들어섰는데 아버지가 설교를 하고 계셨다. 강단은 성도들과 아주 가까이 있었는데 높지 않았고 정중앙이 아니라 약간 왼쪽에 위치하고 있었다. 제법 오래된 교회의 느낌이었다. 성도들의 표정은 너무나 밝았다. 따뜻한 분위기였다. 우리(나와 아내)는 앞에서 두 번째 줄에 앉았다. 그리고 아버지의 얼굴을 보았는데 깜짝 놀랐다. 50대 초반의 모습이었다. 아주 건강한 모습이었고 방금 이발을 하신 듯 깔끔한 얼굴이었다. 행복하고 자신 있는 목소리로 설교를 하신 후에 성도들에게 웃으면서 나를 소개하셨다. 그리고 마지막 기도를 나에게 부탁하셨다.

자리에서 일어나서 기도를 시작했는데 갑자기 눈물이 났다. 너무나 감사했다. 그래서 제대로 기도를 다 잇지 못하고 목이 메여서 한참을 고생하다가 잠에서 깼다. 특별한 꿈이었다. 꿈에서 본 그 교회는 행복이 가득한 곳이었다. 다시 잠들어서 그 교회로 돌아가고 싶을 정도였다.

그 꿈은 평생 목회자의 삶을 살아온 아버지의 인생을 다시 한 번 생각하게 하는 꿈이었다. 지금은 힘들고 어려운 노년을 보내고 계시지만 그럼에도 불구하고 그 인생이 하나님과 성도들 앞에 분명히 가치 있는 삶이었다는 것을 가르쳐 주는 듯했다.

내 일생에 가장 큰 영향을 끼친 분이 있다면 바로 아버지다. 아버지가 엄청나게 훌륭한 분이기 때문이 아니라, 목회자로서 나에게 보여 주신 삶의 모습과 또 그분이 나에게 베푼 사랑 때문이다. 그 사랑의 관계는 절대 변할 수 없는 것이다.

그래서 나는 구원을 복잡하게 생각하지 않았다. 하나님은 아버지와 비슷한 분이시라고 생각했다. 내가 죄를 지었다고 그 관계가 끊어질까? 아버지가 나를 버리실까? 내가 무엇인 가를 열심히 해서 아버지의 아들이 되었을까? 물질적인 욕심 때문에 아버지와 아들의 관계를 계속 유지하고 있는 것일까? 아니다. 그냥 아버지와 아들은 피로 맺어진 관계다. 선행적 은 혜가 있을 뿐이고 그것 자체로 감사할 뿐이다.

하나님과 우리의 관계도 마찬가지다. 우리는 예수님을 믿 고 하나님의 아들과 딸이 되었다. 그러므로 우리 인생에서 최고의 감사와 기쁨은 그 관계가 영원히 변하지 않는다는 것 이다. 그 하나님을 바르게 알고, 그 하나님과 바르게 교제하 고, 그 하나님과의 관계가 매일 더 깊어지는 것이 바로 우리 가 받은 구원이다.

1. 바르게 구원받은 사람은 왜 구원을 잃지 않을까요?

2. 하나님이 먼저 나를 찾아오신 이유는 나와 어떤 관계를 맺고 싶으셨기 때문인가요?

3. 하나님과의 영원한 관계가 점점 깊어짐을 최근에 느낀 적이 있나요?

상상을 한번 해 봅시다. 내가 만약 지금 미혼의 남성이고, A라는 여자와 교제하고 싶습니다. (누구나 젊었을 때 연애하던 시절을 떠올릴 수 있을 것입니다.) 그 자매와 더 가까워지고 싶으면 제일 먼저 무엇을 해야 할까요? 먼저 상대방을 알아야 합니다. 그 상대가 어디 출신인지, 무엇을 좋아하는지, 무엇을 싫어하는지 제대로 알아야 제대로 된 교제를 시작할 수 있습니다.

"하나님과 사랑의 관계"를 주제로 여러 번 설교를 했을 때 한 성도가 다가와서 이런 고민을 이야기했습니다. "목사님, 정말 저도 하나님을 사랑하고 싶습니다. 그런데 그런 감정을 잘 느끼지 못하겠습니다. 다른 사람들은 하나님을 사랑한다고 하면서 눈물을 흘리기도 하는데 저는 그런 감정이 잘 생기지 않습니다."

무조건 감정적인 체험을 할 필요는 없습니다. 그러나 기왕에 신앙생활을 하면서 감격적으로 하나님을 사랑할 수 있다면, 그것은 좋은 일입니다. 그렇다면 하나님을 더 뜨겁게 사랑하기 위해서 무엇이 필요할까요? 가장 먼저 하나님을 바르게 알아야 합니다. 왜냐하면 우리는 아는 만큼 사랑할 수 있기 때문입니다. 제임스 패커(James Packer)는 《하나님을 아는 지식》에서 이렇게 말했습니다.

> "하나님에 관하여 아는 것은 우리의 삶을 영위하는 데 있어서 가장 중요하다. 영어도 모르고 영국에 대해서 전혀 아는 것이 없는 아마존 부족 한 사람을 런던으로 데리고 가서 아무런 설명도 없이 '트래팔가 광장'에 세워 놓고 혼자 살아가라고 한다면 그것은 그에게 오히려 잔인한 일이 될 것이다.
> 그와 같이 하나님이 통치하는 이 세상에서 하나님에 관하여 아무것도 모르고 살아가려고 한다면, 그것은 우리 스스로에게 잔인한 일이 될 것이다. 눈이 가리어진 사람처럼 방향감각도 없고, 비틀거리며 넘어지게 될 것이다. 당신 스스로 당신의 삶을 허비하게 될 것이다."[39]

머리로 하나님을 이해하는 것이 과소평가되어서는 절대 안 됩니다. 언제나 이해와 경험은 같이 갑니다. 경험이 많아지면 이해가 깊어지고, 이해가 깊어지면 남들이 미처 알지 못하는 것을 경험하게 됩니다.

오래전에 성지순례를 다녀오면서 깨달은 것이 있었습니다. 그 땅에 대해서 미리 공부하고 간 사람과 그렇지 않은 사람이 서로 다르다는 것이었습니다. 같은 곳이지만 미리 공부한 사람이 더 많은 것을 보고 더 깊은 것을 깨달을 수 있었습니다. 하나님에 대해서도 마찬가지입니다. 하나님에 대해 바르게 아는 사람이 하나님을 더 바르게 사랑할 수 있습니다.

우리의 자녀들을 사랑하려면 먼저 그들을 제대로 알아야 합니다. 그렇지 않으면 잘못된 방법으로 사랑하게 되고, 결과적으로 사랑하면서도 상처를 주게 됩니다. 마찬가지로 하나님에 대해서 제대로 알지 못하면 교회를 오래 다녔다고 하더라도 하나님과의 사랑의 관계가 깊어지지 않습니다. 그분을 잘못된 방법으로 사랑하게 되는 것입니다. 우리가 하나님을 더 깊이 경험하지 못하는 이유는 우리에게 하나님을 사랑하려는 마음이 전혀 없기 때문이 아니라 그분이 어떤 분이신지, 그리고 그분의 사랑이 어떤 것인지 제대로 모르기 때문입니다. 그러므로 우리는 하나님을 바르게 알려고 노력해야 합니다.

> "영생은 곧 유일하신 참 하나님과 그가 보내신 자 예수 그리스도를 아는 것이니이다"(요 17:3).

> "나는 인애를 원하고 제사를 원하지 아니하며 번제보다 하나님을 아는 것을 원하노라"(호 6:6).

성경에서 '안다'는 말은 경험을 의미합니다. 일차적으로 머리로 이해하고, 더 나아가서 직접 몸으로 체험하는 것입니다. 결과적으로 구원이라는 것은 계속해서 하나님을 알아가는 과정입니다. 나는 이것을 '사랑의 관계'라는 단어 이상으로 표현할 길이 없었습니다. 이 책의 원래 제목은《구원보다 중요한 것》이었습니다. 그런데 사실 이 말은 맞기도 하고 틀리기도 합니다. 만약 당신이 구원을 하나님과의 사랑의 관계라고 이해했다면 구원보다 더 중요한 것은 없습니다. 그러나 당신이 구원을 단순히 천국 가는 것이라고 생각했다면 구원보다 더 중요한 것이 있습니다. 그것은 바로 하나님과 친밀한 사랑의 관계를 더욱 성숙시켜 나가는 것입니다.

이 책의 내용들이 이것을 읽는 모든 분들에게 '하나님이 주신 구원이 과연 어떤 것인지?' 그 본질을 더 잘 이해하고, 그분을 이전보다 더 사랑하는 데 조금이라도 도움이 되기를 바랍니다.

아래에 나오는 '생각 다듬기'는 각 장의 말미에 나오는 '생각 나누기'와 연결되어 있습니다. 일대일로 만나거나 그룹으로 모여서 대화할 때 '생각 나누기'(3가지 질문)에 대한 이해도를 높이기 위한 내용입니다. 질문에 대한 정답은 없습니다. 함께 모여서 복음에 대한 내용을 진솔하게 나누는 것 자체가 정답입니다.

1 ● 깨어진 관계

인간의 모든 고통의 근원에는 깨어진 관계가 있습니다. 그 관계는 바로 하나님과의 관계, 그리고 사람과의 관계입니다. 나에게 죄성(죄를 좋아하는 성품)이 있다는 것을 인정하지 않는 한 그 깨어진 관계는 회복되지 않습니다. 성경이 말하는 진리는, '깨어진 관계로 고통스러워하는 것이 인간이 처한 상황이고 그 관계를 다시 회복하는 길이 바로 예수 그리스도의 십자가'라는 것입니다.

2 ● 구원은 관계다

구원의 본질은 하나님과의 사랑의 관계입니다. 인간은 관계를 추구하는 영적인 존재이기 때문에 하나님과 영적인 관계를 맺게 되었을 때 최고의 기쁨을 누리게 됩니다. 그러므로 구원은 하나님과 관계가 끊어져 있던 인간이 그분과 사랑의 관계를 회복한 상태를 의미합니다.

천국은 구원의 결과로 자연스럽게 주어지는 것입니다. 사람들이 천국을 막연한 유토피아로 착각하는 이유는 하나님과 진정한 사랑의 관계를 맛본 경험이 없기 때문입니다.

3. 진정한 구원의 확신

구원의 확신은 구원의 결과이지 구원의 조건이 아닙니다. 진정한 구원의 조건은 예수님입니다. 예수님이 우리를 대신해서 십자가를 지셨고, 그것을 믿는 사람은 누구나 죄 용서함을 받는다는 것은 부동의 진리입니다. 그런데 우리의 신앙이 거기에서 멈춰 있으면 안 됩니다. 왜냐하면 하나님이 우리를 구원하신 목적이 바로 관계의 회복과 성숙이기 때문입니다.
구원은 예수님을 믿고 하나님과 사랑의 관계를 시작하는 것입니다. 그리고 그 관계를 확신하는 것이 진정한 의미에서 구원의 확신입니다.

4. 21세기 바리새인

구원의 본질을 이해하지 못하면 복음을 이용하게 됩니다. 복음을 이용하는 가장 전형적인 모습은 종교적인 형식 뒤에 숨는 것입니다. 내가 그런 사람인지 아닌지 알 수 있는 방법은 죄에 대한 나의 태도를 점검해 보는 것입니다.
우리는 죄와 죽을 때까지 싸워야 합니다. 그 이유는 우리가 사랑하는 하나님이 죄를 싫어하시기 때문입니다. 죄와 싸우는 것은 죄 용서함의 은혜를 받은 우리가 그 은혜를 이용하지 않고 있음을 보여 주는 마땅한 자세입니다.

5. 사랑이 원하는 것

우리의 모든 신앙적 행위는 그 초점이 하나님과의 사랑의 관계에 맞추어져 있어야 합니다. 그렇지 않으면 자기도 모르게 미신적인 행동을 하게 됩니다. 미신적인 행동의 궁극적인 목적은 현실적인 복입니다. 그러므로 나에게 그런 복이 주어지지 않아도 내 안에 하나님을 향한 무조건적인 감사가 있는지 스스로 돌아보아야 합니다.
조건적인 감사는 누구나 할 수 있습니다. 그러나 하나님의 자녀에게는 무조건적인 감사가 있습니다. 그 이유는 하나님이 나의 아버지가 되시기 때문입니다. 그러므로 진정한 감사는 진정한 사랑의 관계로부터 시작됩니다.

6 . 관계의 힘 (1)

구원은 천국이 아니라 하나님과의 사랑의 관계입니다. 그런데 역설적으로 하나님과의 사랑의 관계가 분명하면 천국에 대한 확신이 더 강해집니다. '나는 결국 하나님 앞에 갈 수밖에 없는 존재로구나'라는 확신이 생기는 것입니다. 이것이 바로 관계의 힘입니다.

7 . 관계의 힘 (2)

모든 신앙 훈련은 하나님과의 관계를 더욱 친밀하게 하는 것을 목적으로 해야 합니다. 왜냐하면 그 관계 속에 나를 변화시킬 수 있는 힘이 있기 때문입니다.
하나님과의 사랑의 관계가 주는 두 번째 힘은 나를 하나님 닮은 사람으로 만들어 주는 것입니다. 그것이 바로 하나님 아버지께서 자녀에게 주시는 선물입니다.

8 . 믿음은 무엇인가? (1)

많은 사람이 믿음이라는 단어를 종교적인 용어로 생각합니다. 그러나 믿음은 기본적으로 사실을 사실대로 인정하는 자세를 의미합니다. 그런 의미에서, 예수님이 하나님의 아들이시라는 사실을 믿기 위해서 이성적이고 객관적인 자세만 있으면 됩니다. 왜냐하면 성경 자체가 가지고 있는 객관적인 증거가 충분하기 때문입니다. 그리고 그 믿음이 바로 하나님과 관계를 시작할 수 있게 해 주는 기초가 됩니다.

9 . 믿음은 무엇인가? (2)

믿음은 단순한 사실을 받아들이는 것을 넘어서 상대방에 대한 인격적인 신뢰를 의미합니다. 그러므로 예수님을 믿는 사람은 반드시 그분을 보내 주신 하나님을 사랑하게 됩니다. 예수님을 향한 믿음이 하나님을 향한 사랑으로 귀결되는 것입니다.

그러므로 믿음과 사랑은 본질적으로 같은 것입니다. 결국 진정한 믿음은 진정한 사랑의 관계를 의미합니다. 그 사랑은 반드시 행함으로 표현됩니다. 왜냐하면 사랑은 '믿음이 바로 행함'이라는 것을 가장 잘 표현하는 단어이기 때문입니다.

10 ● 소망

우리가 영원한 본향을 소망하는 것은 하나님을 신뢰하기 때문입니다. 그러므로 결국 소망은 믿음의 결과물입니다. 다른 말로 하면 사랑의 관계의 결과물입니다. 하나님은 그런 소망을 가진 사람을 자랑스러워하십니다.

11 ● 관계의 성숙

하나님은 우리와 사랑의 관계를 만들기 원하셨기 때문에 아무런 조건 없이 구원이라는 선물을 주셨습니다. 그러므로 하나님과 관계를 시작할 수 있는 비결은 오직 그분의 사랑(선행적 은혜)을 받아들이는 것입니다.

그리고 그 관계를 더욱 성숙시킬 수 있는 비결은 그분께 매 순간 'Yes'와 'No'의 선택권을 드리는 것입니다. 그분께 온전히 선택권을 드릴 때 하나님과의 관계가 깊어집니다. 하나님과의 관계는 자신의 무력함을 인정하는 것에서 시작해 나의 선택권을 돌려 드리는 것으로 더욱 성숙됩니다.

12 ● 끌고 오라

구원의 주도권을 바르게 이해하는 것은 신앙생활의 기초를 튼튼하게 할 수 있는 매우 중요한 주제입니다. 구원의 주도권은 전적으로 하나님께 있습니다. 그 이유는 그분이 먼저 우리를 선택하셨기 때문입니다. 그리고 우리에게 믿을 수 있는 마음을 주셨기 때문입니다.

혹시라도 내가 하나님을 선택했다고 생각한다면 그것은 하나님과 자신이 동등한 관계라고 착각하는 것입니다. 하나님과 인간은 서로를 선택할 수 있는 동등한 관계가 아닙니다. 그러므로 우리의 구원은 100% 하나님의 은혜로 된 것입니다.

13 ● 변하지 않는 관계

한 번 바르게 구원받은 사람은 구원을 잃지 않습니다. 왜냐하면 구원은 천국 티켓이 아니라 사랑의 관계이기 때문입니다. 아버지와 자녀의 관계는 감정이나 주변 상황에 따라서 변하지 않습니다. 피로 맺어진 관계이기 때문입니다.

우리는 예수 그리스도의 피로 하나님의 자녀가 되었습니다. 하나님은 우리의 아버지가 되기 위해서 우리를 택하시고 찾아오셨습니다. 그래서 신실하신 하나님은 우리의 연약함을 이유로 그 관계를 끊거나 바꾸지 않으십니다.

1   한나 아렌트, 《예루살렘의 아이히만》(한길사, 2006), p. 97.

2   같은 책, p. 17.

3   같은 책, p. 335; 영화 "오퍼레이션 피날레"(Operation Finale, 2018).

4   Hannah Arendt, *Eichmann in Jerusalem: a report on the banality of evil*
     (N.Y.: Penguin Books, 2006, ©1963).; 영화 "한나 아렌트"(Hannah Arendt, 2012).

5   한나 아렌트, 앞의 책, p. 152-153.

6   같은 책, p. 79.

7   같은 책, p. 41-42.

8   "Yehiel Di-nur on Eichmann trial" "Eichmann trial-Session No. 68, 69",
     https://www.youtube.com/watch?v=m3-tXyYhd5U&t=586s

9   위키피디아, https://en.wikipedia.org/wiki/Yehiel_De-Nur, "Was Dinur
     overcome by hatred? Fear? Horrid memories? No; it was none of these.
     Rather, as Dinur explained to Wallace, all at once he realized Eichmann
     was not the god-like army officer who had sent so many to their deaths.
     This Eichmann was an ordinary man. 'I was afraid about myself,' said
     Dinur. '…I saw that I am capable to do this. I am…exactly like he.'"

10   "마음에 하나님 두기를 싫어하매"(롬 1:28상) → 죄: 죄의 뿌리
     "합당하지 못한 일"(롬 1:28하) → 죄들: 죄의 열매들(롬 1:29-31)

11   브리태니커 백과사전 참고.

12   브리태니커 백과사전 참고.

13   유해석, 《기독교와 이슬람, 무엇이 다른가?》(생명의말씀사, 2016), p. 65-66.

14   같은 책, p. 40-41.

15   브리태니커 백과사전 참고.

16   아리스토텔레스

17   찰스 콜슨, 《러빙 갓》(홍성사, 2004), p. 147.

18   C. S. 루이스, 《고통의 문제》(홍성사, 2004), p. 48-52.

19   시오노 나나미, 《로마인 이야기 3》(한길사, 1995), p. 213-214.

20   오스왈드 챔버스, 《주님은 나의 최고봉》(토기장이, 2015), 1월 22일 내용.

21 데이비드 A. 씨맨즈, 《치유하시는 은혜》(두란노, 1991), p. 226-227.

22 버트런드 러셀, 《나는 왜 기독교인이 아닌가?》(사회평론, 2005), p. 245-281.

23 인터넷 신문 참고.

24 인터넷 신문 참고.

25 라틴어로 '섬'이라는 뜻.

26 네로 황제와 로마 대화재에 관한 모든 내용 참고; 시오노 나나미, 《로마인 이야기 7》(한길사, 1998), p. 447-595.

27 많은 주석에서 디모데전서와 디도서가 주후 64-66년경에 기록된 것으로 본다. 디도서 3장 12절에서 사도 바울은 디도에게 자신이 있는 니고볼리(마케도니아와 아가야 지역의 도시)로 와 달라고 부탁한다. 그 시기에 바울이 로마 감옥에서 풀려나서 마케도니아 지역에 와 있었음을 짐작할 수 있는 대목이다. 또 디모데전서 1장 3절에서 바울은 자신이 마케도니아로 갔다고 밝히고 있다. 바울은 주후 67년경 2차로 로마 감옥에 다시 투옥되어서 주후 68년경에 순교한 것으로 보인다. 이때 감옥에서 쓴 편지가 디모데후서다.

28 리 스트로벨, 《예수는 역사다》(두란노, 2015), p. 43-44.

29 그 당시 '예수'는 많은 사람이 사용하는 이름이었다.

30 프랭크 모리슨, 《누가 돌을 옮겼는가?》(생명의말씀사, 2000), p. 9.

31 같은 책, p. 141-142, 169, 184-186.

32 찰스 콜슨, 《백악관에서 감옥까지》(홍성사, 2003), p. 94-95.

33 박영선, 《믿음의 본질》(세움, 2008), p. 14-15. 박영선 목사는 《믿음의 본질》에서 믿음이 '인격적 신뢰'를 의미한다는 것을 정확하고 명쾌하게 설명한다.

34 인터넷 신문 참고.

35 사도 바울은 예수님이 우리에게 베푸신 은혜를 비슷하게 표현하고 있다(롬 5:8).

36 헨리 블랙커비, 《헨리 블랙커비의 영적 리더십》(두란노, 2014), p. 52-57.

37 천국 노마드 인도네시아, 이용규 교수, https://nomadlove.org/

38 C. S. 루이스, 《예기치 못한 기쁨》(홍성사, 2003), p. 327-328.

39 제임스 패커, 《하나님을 아는 지식》(기독교문서선교회, 1992), p. 17.